はにわのヒミツ

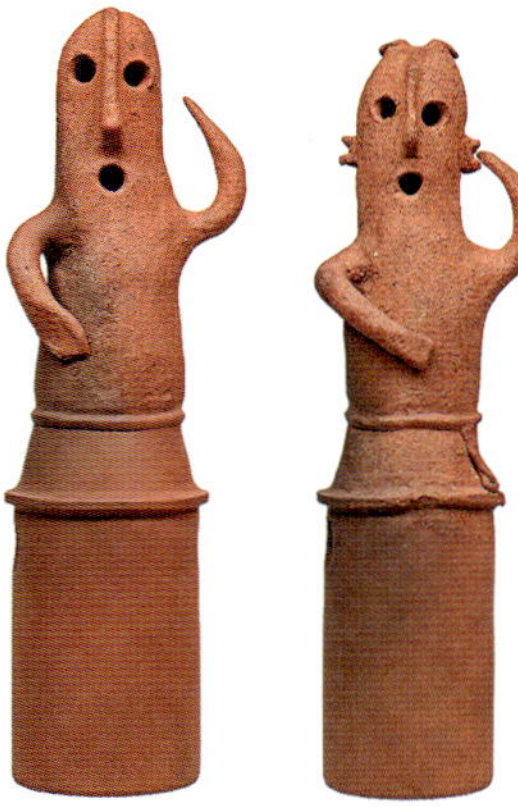

河野正訓／山本亮 著

新泉社

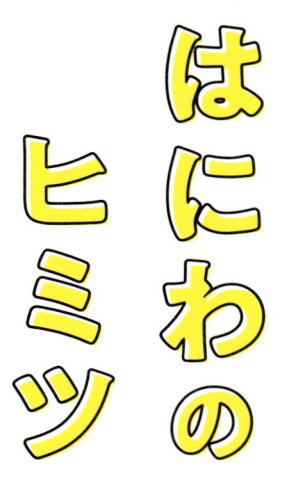

INDEX

p. 1 写真：「踊る人々」 東京国立博物館蔵

装幀　後藤リオ（沢村デザイン研究所）

はじめに　はにわとは?

現在、日本で一番古い博物館は東京国立博物館です。

１８７２年（明治5年）に東京・湯島聖堂大成殿で開催された博覧会から、東京国立博物館の歴史は始まりました。２０２２年には創立１５０周年を迎え、特別展「国宝　東京国立博物館のすべて」（２０２２年10月18日～12月18日）では、同館が当時所蔵していた国宝89件すべてを含む名品が展示され、数多くの来館者でにぎわいました。

そして、本書が刊行される２０２４年には特別展「はにわ」（２０２４年10月16日～12月8日）が開催されます。同館所蔵の「挂甲《けいこう》の武人」が、埴輪として初めて国宝に指定されてから50周年を記念した特別展であり、いまだかつてないスケールで催される埴輪展です。九州国立博物館にも巡回し、テレビや新聞など各種メディア注目の特別展でもあり、昨今の埴輪の人気を象徴するかのようです。

その特別展「はにわ」の担当者のうち、河野正訓と山本亮が本書を執筆しました。ふだんは東京国立博物館の研究員として、埴輪など考古遺物（作品）のお世話をするのが仕事です。展示案を考えて遺物の展示作業をしたり、講演会やギャラリートークをしたり、遺物の修理に立ち会ったり、他館で開催される特別展に遺物を貸出しするための手続きや、外部研究者が当館所蔵品を調査するためのセッティングをするなど、ほかにもさまざまな業務があります。もちろん自分自身の研究を進めることも仕事のうちです。

東京国立博物館は質量ともに日本屈指の埴輪のコレクションを誇ります。そのため、お世話をしている考古遺物のなかでも、とりわけ埴輪とは日常的に接していま す。その東京国立博物館での経験を中心に、本書を執筆しました。

わたしたち二人は、ともに京都大学で考古学を学び、さまざまな経歴を経て、現在、東京国立博物館で働いています。そのため、本書では、わたしたちが身近に接してきた関西と関東の埴輪を中心に取りあげ、さらに全国各地の埴輪もできるだけ紹介するようにしました。また、もともとは古墳時代の鉄器や土器を専門に研究していた二人なので、根っからの埴輪の研究者というわけではありません。そのような立場だからこそ、より客観的に現在の埴輪研究を俯瞰できるのではないかと感じています。

じつは埴輪の研究をみると、研究者の立場によって埴輪にさまざまな解釈が与えられているのです。そのため、研究者が自説をもとに本を執筆した場合、ほかの研究者とまったくちがうことが書かれている、ということが多々あるのです。そういう意味では、さまざまな研究者の説を複合的に紹介している点が、本書の特徴といえます。

ところで、そもそも埴輪とはなんでしょうか?

埴輪とは、円筒状やなにか――道具や人物など――をかたどった、粘土のやきものです。いまから約１４００～１８００年前、３世紀後半～６世紀にかけて、「王」など権力者のために、前方後円墳に代表される古墳という墓をつくった時代がありました。古墳時代です。日本列島の東北地方南部から九州地方にかけて古墳は存在しますが、その一部の古墳の上や周囲に、埴輪は立てられました。

まだこの時代に「日本」という国はありません。「倭」というクニがあったと認識されていますが、この倭を「ヤマト」とよぶか「ワ」とよぶかは、研究者によって分かれています。この倭を統治していたのは畿内《きない》地域（現在の大阪府・奈良県を中心とする地域）にいた大王です。大王と各地の王とはゆるやかながら連合し、5世紀後半以降に大王による中央集権化が段階的に進んでいくのが、古墳時代であると考えられます。

ここでは「王」といいましたが、これも研究者によっては「首長」や「豪族」というよび方をしています。けっして王だけが古墳に埋葬されたわけではなく、埴輪を立てたわけでもないのですが、本書では便宜上、権力者のことを「王」とよぶこととします。

古今東西、埴輪は話題にあがっていますが、本書はその埴輪についての入門書です。その内容は、さまざまな研究者の地道でかつ膨大な調査研究の成果をもとに、著者二人で再構成したものです。ただし、専門書とは一線を画しているため、引用や参考にした文献の提示は最低限に留めています。ご理解ください。

本書には埴輪にまつわる25のヒミツが詰まっています。冒頭から順に読んでも、気になるヒミツから読んでもかまいません。魅力あふれる埴輪の世界をお楽しみください。

I

はにわの種類

ヒミツ
1

はにわといえば円筒埴輪

王が眠る聖域を
とり囲む

重要文化財
円筒埴輪
奈良県桜井市
メスリ山古墳出土
古墳時代・4 世紀前半
奈良県立橿原考古学研究所附属博物館蔵
写真提供：奈良県立橿原考古学研究所附属博物館

みなさんは「埴輪」と聞くとどのような埴輪を思い浮かべるでしょうか。有名な「踊る埴輪」、全身を甲《かっ》冑《ちゅう》に包んだ「挂甲《けいこう》の武人」など、多くの人は人物埴輪を思い浮かべることでしょう。

では、最も長い期間、最も多くつくられた埴輪はなんでしょうか？　――それは、円筒埴輪です。これといった特徴もなくどれも同じに見えて、博物館の展示でもついついスルーしてしまう人も多いことでしょう。しかし、円筒埴輪なくして埴輪を語ることはできないのです。

そもそも、埴輪は大きく二つの種類に分けることができます。

①円筒埴輪（ふつうの円筒埴輪、朝顔形《あさがおがた》埴輪）
②形象埴輪（人物埴輪、動物埴輪、家形《いえがた》埴輪、器財《きざい》埴輪など）

何重にも並べられた恵解山（いげのやま）古墳の円筒埴輪。先端が開いたような形の埴輪は朝顔形埴輪（京都府長岡京市、レプリカによる復元）　撮影：山本亮

②の形象埴輪は人や動物、家、王の権威に関わるさまざまな道具（器財）をかたどったもので、古墳のなかではてっぺん（墳頂）や「造出《つくりだし》」という祭壇状の施設など、決まった場所にまとめて置かれることが多いものです。一方で、①の円筒埴輪は古墳をとり囲むように墳頂やテラス（段築）に多量に並べるものであり、ふつうの円筒埴輪の何本かに1本の割合で朝顔形埴輪がおりまぜられることが多くあります。

円筒埴輪は、もとをたどれば壺などのうつわをのせるための台（器台《きだい》）の形をした、弥生時代の墓専用につくられた大型の土器がルーツです。そして、器台の上に壺をのせた姿を表現したものが朝顔形埴輪だと考えられています（→ヒミツ13）。このように円筒埴輪あるいは朝顔形埴輪は、墓に供えるための特殊な土器から発達して、王の墓である古墳の威儀《いぎ》を整えたり、古墳に悪い霊などが寄りつくのを防いだりする「結界」のような目的で並べられるようになったのでしょう。

3世紀半ば頃からつくられはじめた円筒埴輪は、誕生からほどなくして多量に並べることが始まります。現在の奈良県や大阪府に築造された全長300メートルを上回るような超大型の前方後円墳では、時には何万本もの数が並べられたと考えられています。墳丘をとり囲む濠《ほり》（周濠《しゅうごう》）の堤の上や段築の上、墳頂、さらには石室のまわりなど、王が眠る石室を何重にもとり囲むように円筒埴輪が並べられました。

朝顔形埴輪
兵庫県神戸市　五色塚（ごしきづか）古墳出土
4世紀後半／神戸市蔵／写真提供：神戸市文化財課

円筒埴輪はその後、埴輪づくりが終焉を迎える6～7世紀頃まで、ずっとつくりつづけられました。しかも、円筒埴輪はつくられた時期ごとに細かく特徴が分けられます。そのため、考古学では古墳がつくられた順番を知るための〝ものさし〟として、円筒埴輪を利用してきました。たとえ副葬品の内容がわからなくても、円筒埴輪についてはどのようなものだったかわかっている古墳は数多くあり、古墳の時期を推定するのに役立っています。

たとえば、透《す》かし孔《あな》。はじめは巴《ともえ》形や三角形がありましたが、4世紀には四角や丸などの形が登場し、おおまかな時期を知るのに役立ちます。ちなみに透かし孔は、本来は円筒埴輪のもとになった器台形《きだいがた》土器の文様に由来しますが、埴輪を焼く際、とくに内側への火の回りを良くするなど、実用的な効果もあったと考えられます。また、埴輪を焼く際には火の回りが悪い部分に黒いまだら模様がつくことがあり、「黒斑《こくはん》」とよびます。黒斑は、5世紀前半頃に埴輪を窯で焼くようになると見られなくなります（→ヒミツ15・18）。黒斑の有無も、埴輪の製作時期を知る手がかりのひとつです。

また、円筒埴輪は、時に思いもよらぬ使い方をされることがあります。棺《ひつぎ》として使われる事例が見つかっているのです。埴輪の棺を埴輪棺《はにわかん》といいますが、埴輪棺には専用の棺としてつくられたもの（専用棺）と、もともと古墳に立てられていた円筒埴輪を棺として再利用したもの（転用棺）があります。埴輪棺は、古墳の中心にある石室とは別に、古墳の裾や外側に従属的な埋葬施設として使われることが多くありました。あるいは、専用棺は小さな古墳の石室や、墳丘がない墓に使われることもしばしばです。いずれにしても埴輪棺に葬られたのは、前方後円墳に埋葬されるような王ほどの力はもたないものの、一般の人びととは異なる一定の地位の人物であったようです。

京都府向日《むこう》市の五塚原《いつかはら》古墳（3世紀後半）で見つかった転用棺は、興味深い事例です。五塚原古墳は乙訓《おとくに》古墳群のなかで最初につくられた古墳ですが、見つかった転用棺は同じ古墳群でも後の世代に築かれた妙《みょう》見山《けんやま》古墳（4世紀前半）に使われていた朝顔形埴輪でした。五塚原古墳にはもともと埴輪が立てられていなかったため、近くにあった妙見山古墳から埴輪をもってきたのでしょう。

これは、同じ地域につくられた古墳どうしのつながりを示すものとして貴重な事例です。それは地域内のつながりの強さや血縁を示すものかもしれません。

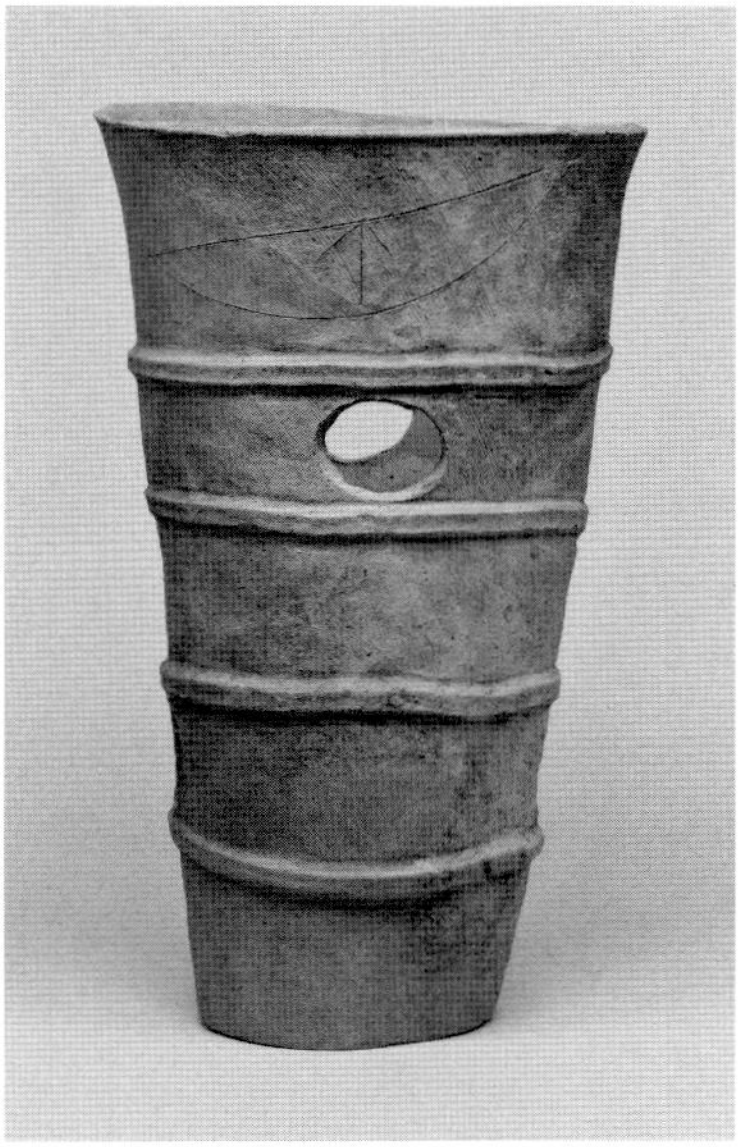

8ページの埴輪と見比べてみてください。透かし孔が▽形で黒斑がある8ページは4世紀前半のもの、〇形で黒斑がないこちらは5~6世紀頃につくられました
円筒埴輪　奈良県三宅町石見出土／東京国立博物館蔵

死者の魂が宿る——家形埴輪

居館建物を
表現したと
思われます
古いものはヒレ状の飾りが多く
しだいに鰹木(かつおぎ)や
千木(ちぎ)のようなものが現れる

国宝　家形埴輪《いえがた》

三重県松阪市　宝塚1号墳出土
古墳時代・5世紀前半
松阪市蔵
写真提供:松阪市文化財センター

入り口
床

高床倉庫
2階建てのように見えますが、下半分は床下の柱です
群馬県藤岡市 白石稲荷山古墳出土／5世紀前半
東京国立博物館蔵

鰹木

平地《へいち》住居
屋根の上には鰹木が見え、格式が高い建物であることがわかります
群馬県伊勢崎市 赤堀茶臼山古墳出土／5世紀前半
東京国立博物館蔵

家形埴輪いろいろ

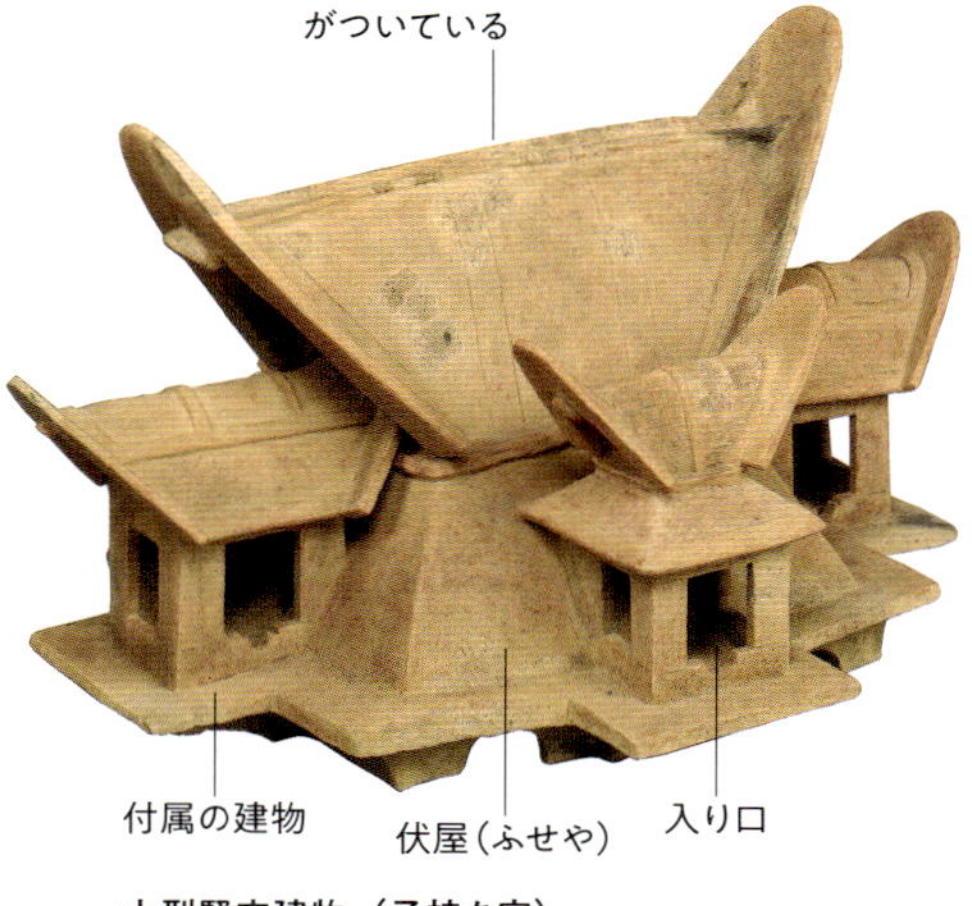
反対側にもう1棟建物がついている

大型竪穴建物（子持ち家）
中央の伏屋に4棟の建物がついた珍しい例です
重要文化財／宮崎県西都市 西都原(さいとばる)170号墳出土／5世紀前半／東京国立博物館蔵

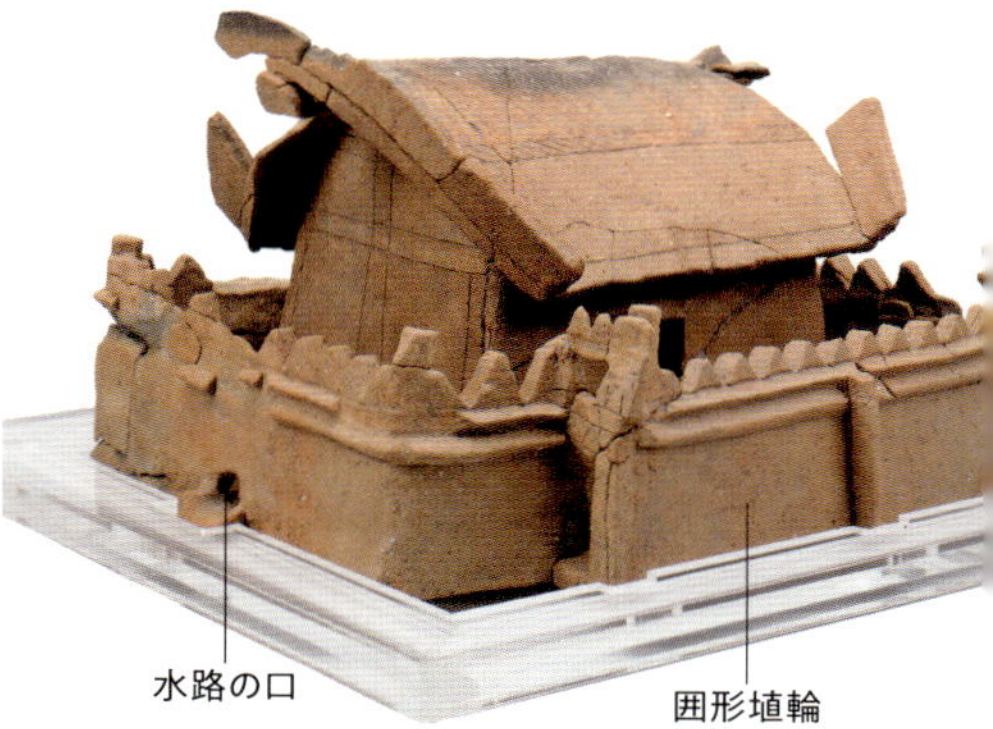

祭祀建物（導水施設）
囲形埴輪のなかに建物があり、囲いには水路の口があいています。水を用いた祭祀場、あるいは「モガリ」の場とする説が有力です
大阪府八尾市 心合寺山(しおんじやま)古墳出土
5世紀前半／八尾市立歴史民俗資料館蔵
写真提供：八尾市立歴史民俗資料館

埴輪には大きく分けて円筒埴輪と形象埴輪がある——ということは、ヒミツ1で説明しました。さらに形象埴輪は、人物をかたどった人物埴輪、動物をかたどった動物埴輪、蓋《きぬがさ》や甲冑《かっちゅう》といった王の権威を示す道具類をモチーフにした器財《きざい》埴輪、そして建物をかたどった家形《いえがた》埴輪に分かれます。そのなかでも早くに出現し、かつ埴輪が終焉を迎えるまで中心的な役割を担いつづけた、いわば〝最も重要な形象埴輪〟が家形埴輪です。

古墳時代のような古い時代の建物といえば、竪穴建物や高床建物を思い浮かべる人が多いと思います。竪穴建物は、地面に穴を掘って床と壁をつくり、掘った土をその穴のまわりに盛り上げ、さらに穴の上に直接屋根をかける建築です。地面より低い位置に床があるのが特徴で、外から見ると壁がないように見えます。

しかし家形埴輪で多いのは、一目見て屋根の下に大きな外壁があることがわかる平地《へいち》建物です。これに加えて、地面より高い位置に床を設けた高床建物の埴輪も多くの事例が存在します。

高床建物には住居と倉庫があり、壁にあけられた窓の数を見ると区別することができます。住居であればそれぞれの壁に窓がありますが、倉庫の場合は窓はなく、出入り口となる1カ所のみがあいています。

平地建物と高床の住居建物では、器財埴輪とも共通するヒレ状の屋根飾りや、現在の神社に見られる鰹木《かつおぎ》や千木《ちぎ》のような飾りをもつ立派な建物があります。こうした飾りをもつ建物は格式が高い建物とみてよいものです。なかには王の居館もふくまれるでしょう。

倉庫は一般の生活に伴うものというよりは、王や共同の財産、穀物を貯蔵するためのものと考えられます。

これらに対して、一般的な住居であった竪穴建物が埴輪になることはほとんどありませんでした。

例外的に竪穴建物のように屋根を直接地面に葺きおろした「伏屋《ふせや》」の表現がされているのが、宮崎県西都市の西都原《さいとばる》古墳群から出土した「子持ち家」です（→13ページ）。これは中央の大きな伏屋のまわりの各辺に計四つの小さな壁立ちの建物が付属するものです。小さい家の壁の窓にはそれぞれ下に窪みが設けられていて、入り口を表現したものと考えられます。つまりこの建物は、周囲に入り口となる小さな建物がついた、集会所のような建物であったと考えられるでしょう。

このように、王の墓である古墳に並べられた家形埴輪は、格式が高い建物、あるいは倉庫のような王が管理する施設が選ばれることが多かったと考えられます。家形埴輪の役割は、王の魂の依《よ》り代《しろ》や、王が治めた集落の中心の空間を再現したものといえるでしょう。

また、ほかの形象埴輪と異なり、多くの家形埴輪には円筒部がありません。ごく初期の家形埴輪には円筒部をもつものもありますが、すぐに消えてしまいます。つまり、家形埴輪は墳丘にそのまま置かれることが多かったということです。

円筒埴輪が3世紀半ば頃からつくられはじめたのに対し、家形埴輪は少し遅れて4世紀の前半に現在の近畿地方でつくられはじめ、5世紀前半に東北から九州までの地域に広がります。

5世紀の終わり頃から、大型の古墳では屋根や壁などパーツを分けて別々につくり、最後に組み立てて完成させるという大型の家形埴輪も見られるようになります。さらに6世紀になると、全体に天に向かって間のびしたような外観で、各部の省略の多い事例が見られるようになります。なかには、実際の家を模したとは到底思えないものも多くあります。もっとも6世紀には、背の高い人物埴輪や靫《ゆぎ》形《がた》埴輪など、高さのある埴輪と並んで家形埴輪を古墳に配置することが多くなっていたため、ほかの埴輪とのバランスをとってしだいに高さを増していったのでしょう。

上下に間のびした家形埴輪。屋根を分割してつくられています
国宝／群馬県高崎市 綿貫観音山古墳出土
6世紀後半／文化庁蔵（群馬県立歴史博物館保管）
写真提供：群馬県立歴史博物館

ヒミツ
3

魔をよけ、権威を示す——器財埴輪

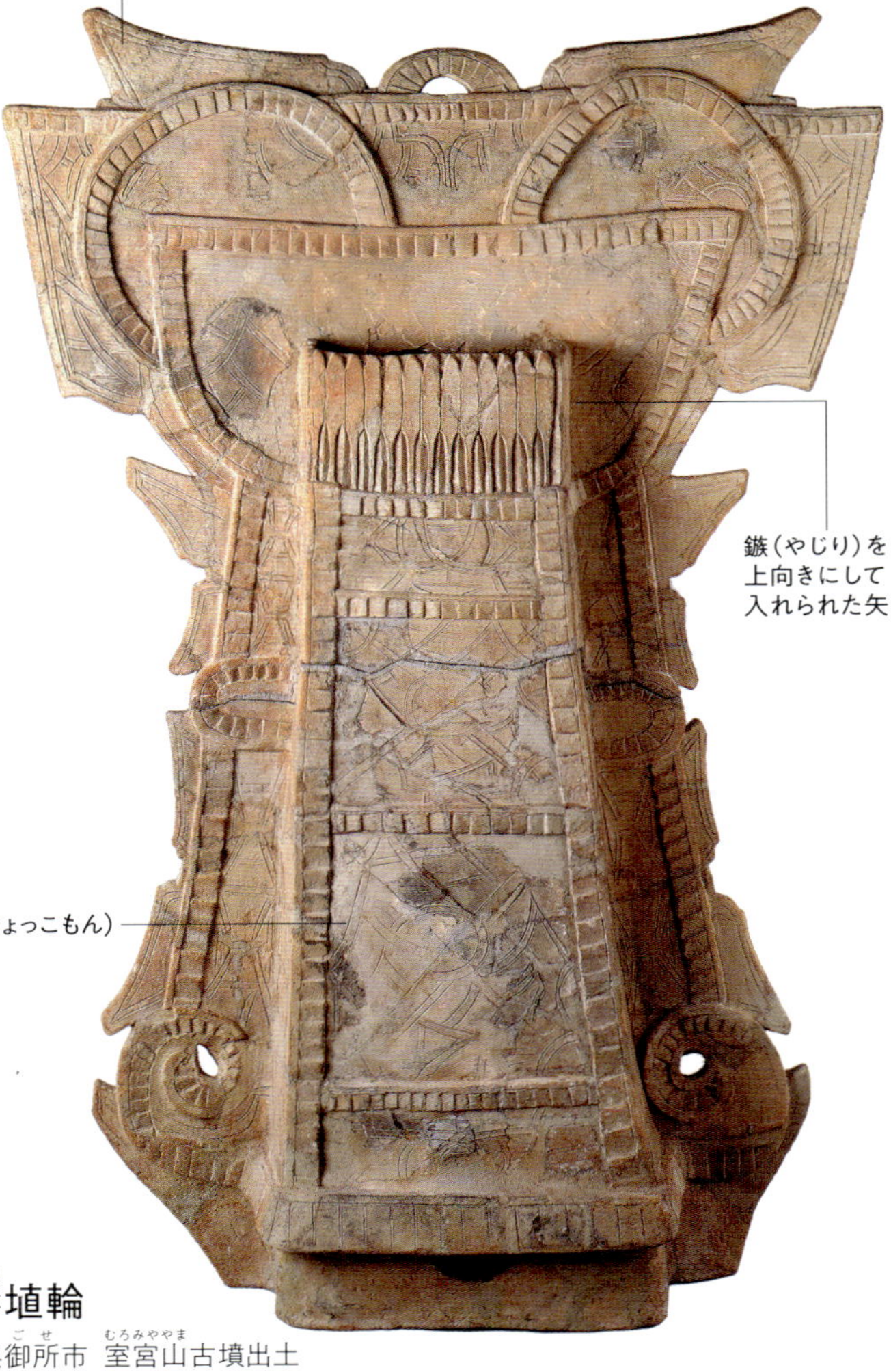
ヒレ飾り
(4~5 世紀前半の近畿地方では
多くの器財(きざい)埴輪に見られる)
直弧文(ちょっこもん)

靫《ゆぎがた》形埴輪

奈良県御所《ごせ》市 室宮山《むろみややま》古墳出土

古墳時代・5 世紀前半

奈良県立橿原考古学研究所附属博物館蔵

写真提供：奈良県立橿原考古学研究所附属博物館

5世紀の特徴的な甲(よろい)である短甲を模したもので、鉄板どうしを革でとじる様子を忠実に再現しています(→ヒミツ19)
群馬県藤岡市 白石稲荷山古墳出土/5世紀前半
東京国立博物館蔵

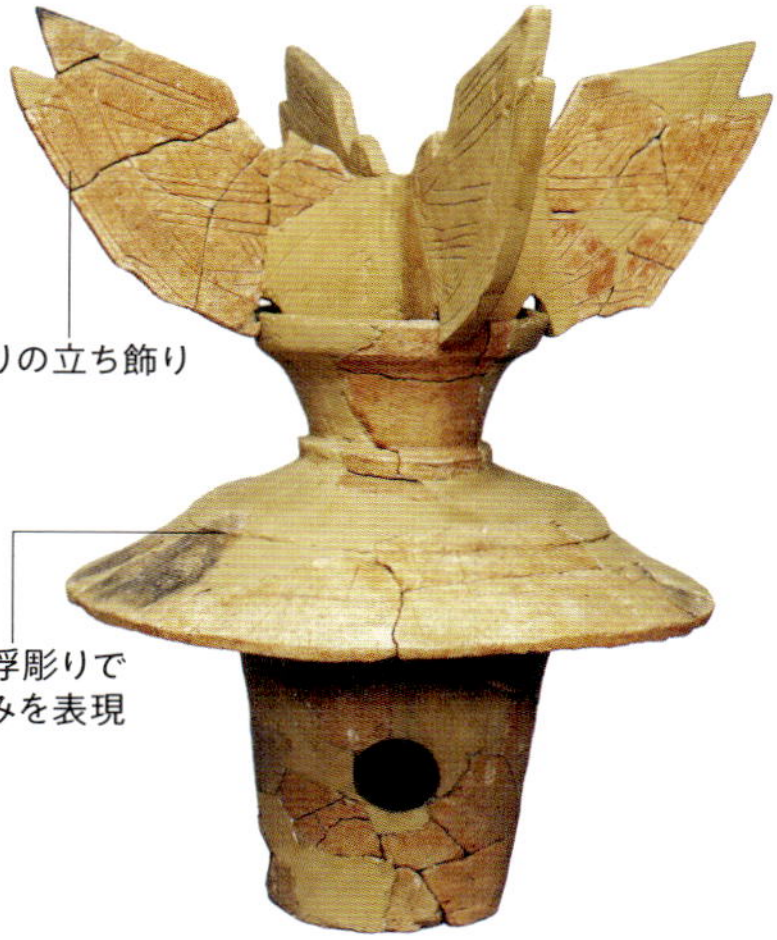

位の高い人物にさしかける傘を模したものです
国宝/三重県松阪市 宝塚1号墳出土/5世紀前半
松阪市蔵/写真提供:松阪市文化財センター

器財埴輪いろいろ

鞘(さや)の先端を下に、持ち手を上にして立てる儀仗刀(儀礼のための大刀)です
神奈川県横浜市 瀬戸ヶ谷古墳出土/6世紀前半
東京国立博物館蔵

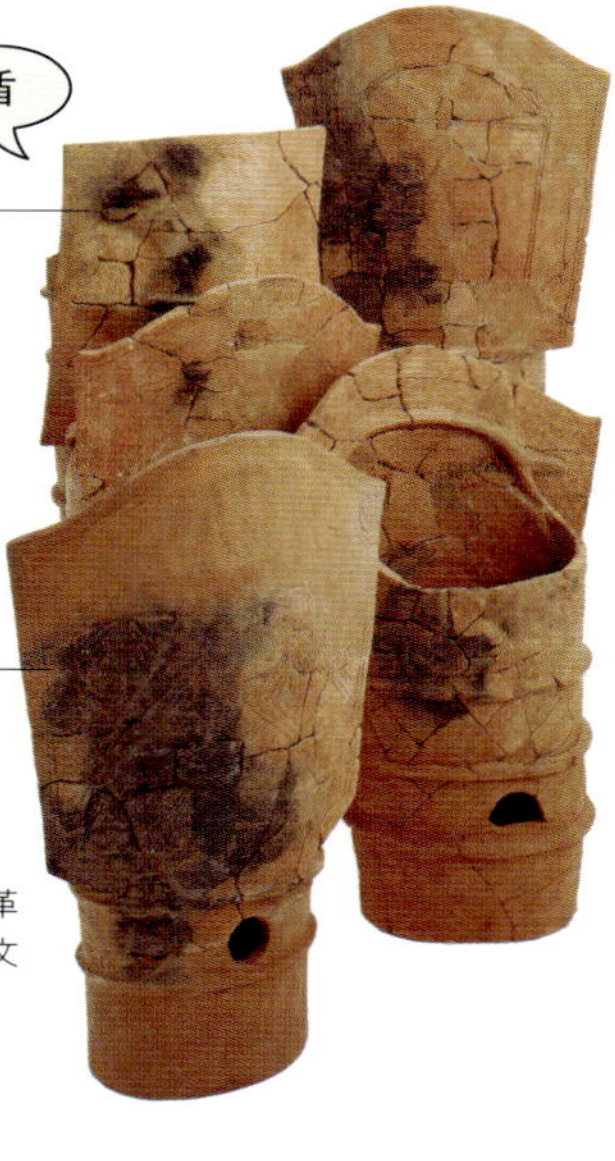

上辺が直線的なのが木製盾、弧状にふくらむのが革製盾を模したものであることが多いようです。鋸歯文(きょしもん=三角文)や直弧文で飾られます
国宝/三重県松阪市 宝塚1号墳出土/5世紀前半
松阪市蔵/写真提供:松阪市文化財センター

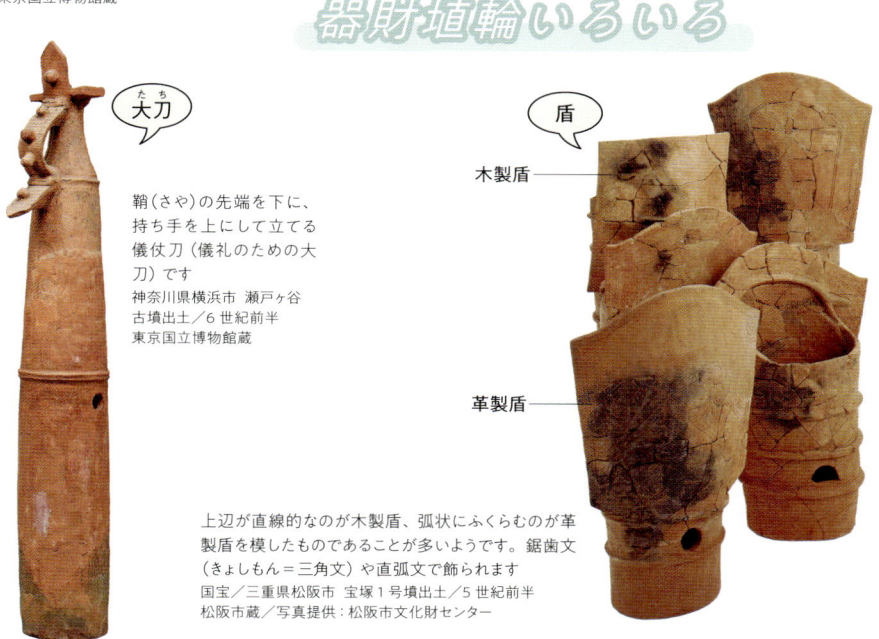

箱形の靫のイメージ。繊維を編み、黒漆で固め、蓋は直弧文で飾られます
画：山本亮（胎内市教育委員会 2016『城の山古墳発掘調査報告書』掲載の城の山古墳出土の靫をもとに作成）

器財《きざい》埴輪は王の身のまわりの道具を表現したもので、形象埴輪の一種です。

器財埴輪は大きく武器・武具と威儀具《いぎぐ》に分けられます。武器・武具には盾や靫《ゆぎ》（背中に負う矢入れ）、甲冑《かっちゅう》、大刀《たち》などがあります。さしば（長い柄がついた団扇《うちわ》状のもの）や蓋《きぬがさ》（同じく飾りがついた傘）、冠帽《かんぼう》（頭のかぶりもの）など、貴い人物の身のまわりの品々が威儀具です。武器・武具の埴輪には悪いものを避けるまじないの意味が、威儀具の埴輪には古墳に埋葬された王の権威を示す意味があったと考えられます。

器財埴輪には、「直弧文《ちょっこもん》」とよばれる文様が入れられることがありました。直弧文は直線と弧状の線を組み合わせた文様で、もともと吉備《きび》地方（現在の岡山県から広島県の東部）を中心によく見られた弧帯文《こたいもん》に由来します。弧帯文は帯状のモチーフを基調にした文様で、帯で縛ることで悪いものを封じこめるという意味があったと考えられます。これが転じて、直弧文にも魔除けのような役割があったのでしょう。

器財埴輪は、4世紀後半には奈良盆地を中心に現在の近畿地方で出現し、初期には盾や靫、蓋、冠帽が見られます。盾や靫は古墳のてっぺん（墳頂）の中央、石室をとり囲む円筒埴輪列（→ヒミツ1）におりまぜて並べられることがあり、蓋は円筒埴輪の上にのせられることもありました。

長い形象埴輪の歴史のなかで最も大きく姿を変えたといえるのが、靫形《ゆぎがた》埴輪です。靫形埴輪は4世紀後半頃からつくられはじめ、もともとは縦に長い四角い箱形でした。当時の本物の靫も箱形で、雪野山古墳（滋賀県東近江市ほか、4世紀前半）や山王寺大桝塚古墳（栃木市、5世紀前半）などの出土例があります。

箱形の靫には、背負う際に背中にあたる部分に板状の部品（背板）を用いることがあります。靫形埴輪でも背板が表現されているのですが、この背板に大きな文様をほどこしているものが多く見られます。

ちなみに、靫形埴輪では多くが鏃《やじり》を上に向けて入れられているように表現されます。いかにも危なっかしく思えますが、これには鏃を見せることで魔除けの意図があるとする説のほか、弓道を経験した人であれば、矢の先に近い部分を手に取るほうが矢をつがえやすいことがわかるでしょう。魔除けか、実用を反映した表現か、難しいところです。

6世紀に入ると、靫形埴輪に大きな変化が生じます。奴凧《やっこだこ》を彷彿とさせる形状に変わり、背板に円筒形の矢入れをつけ、背負うための紐を矢入れの正面にまわして蝶々結びをしてあるのが特徴です。

一方、箱形の靫形埴輪に見られた直弧文のような文様表現は見られなくなります。このことは靫形埴輪が、威儀具も兼ねた漆塗りで文様入りの高級武具を表現したものから、より実用的かつ汎用的な武具としての意味あいが強くなったことを示しています。また、人物などほかの多くの埴輪と同様に円筒形をベースに製作できる奴凧形の靫形埴輪は、ほかの埴輪ともあわせてシステマティックに製作できたと考えられます。

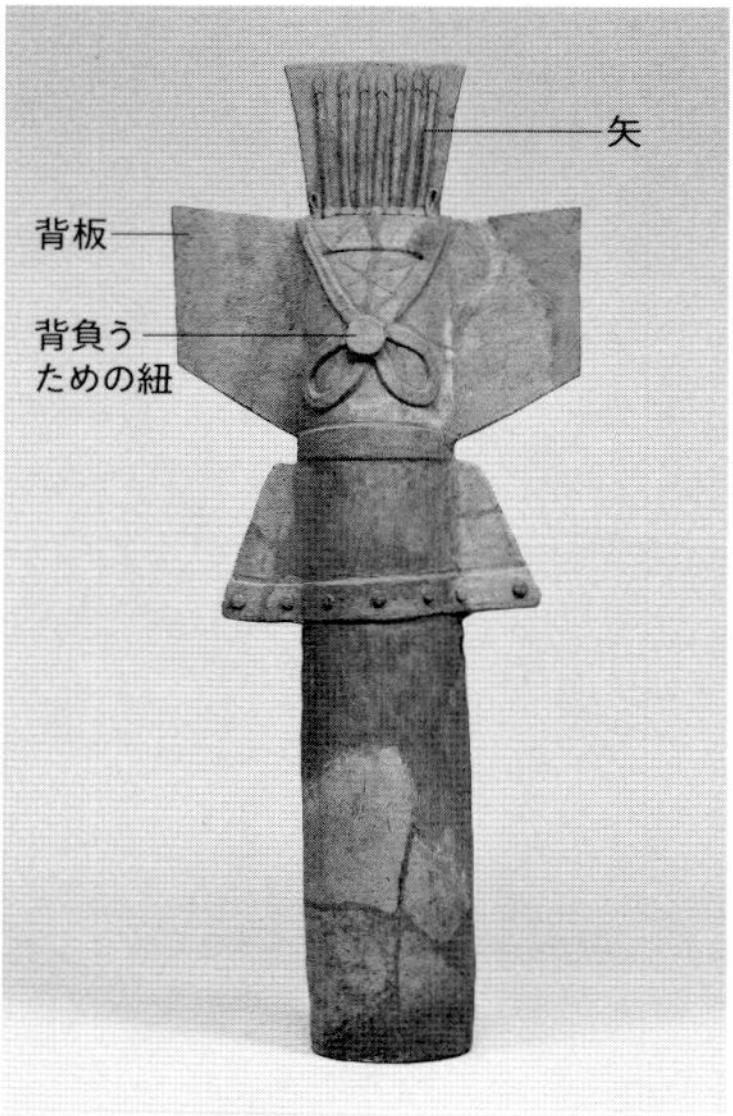

靫形埴輪（奴凧形）
神奈川県横浜市 瀬戸ヶ谷古墳出土／6世紀前半
東京国立博物館蔵

5世紀以降、動物埴輪や人物埴輪が多く用いられるようになると、器財埴輪は、埴輪のなかでは脇役的な位置に落ち着いていきます。しかし、人物埴輪の持ち物には器財埴輪と共通するものが多くあります。器財埴輪から人物埴輪の持ち物へ、そのありようは変わっても、当時の人びと（とくに王）をとりまく文化の豊かさを今日に伝えています。

ヒミツ
4

はにわになった人たち——人物埴輪

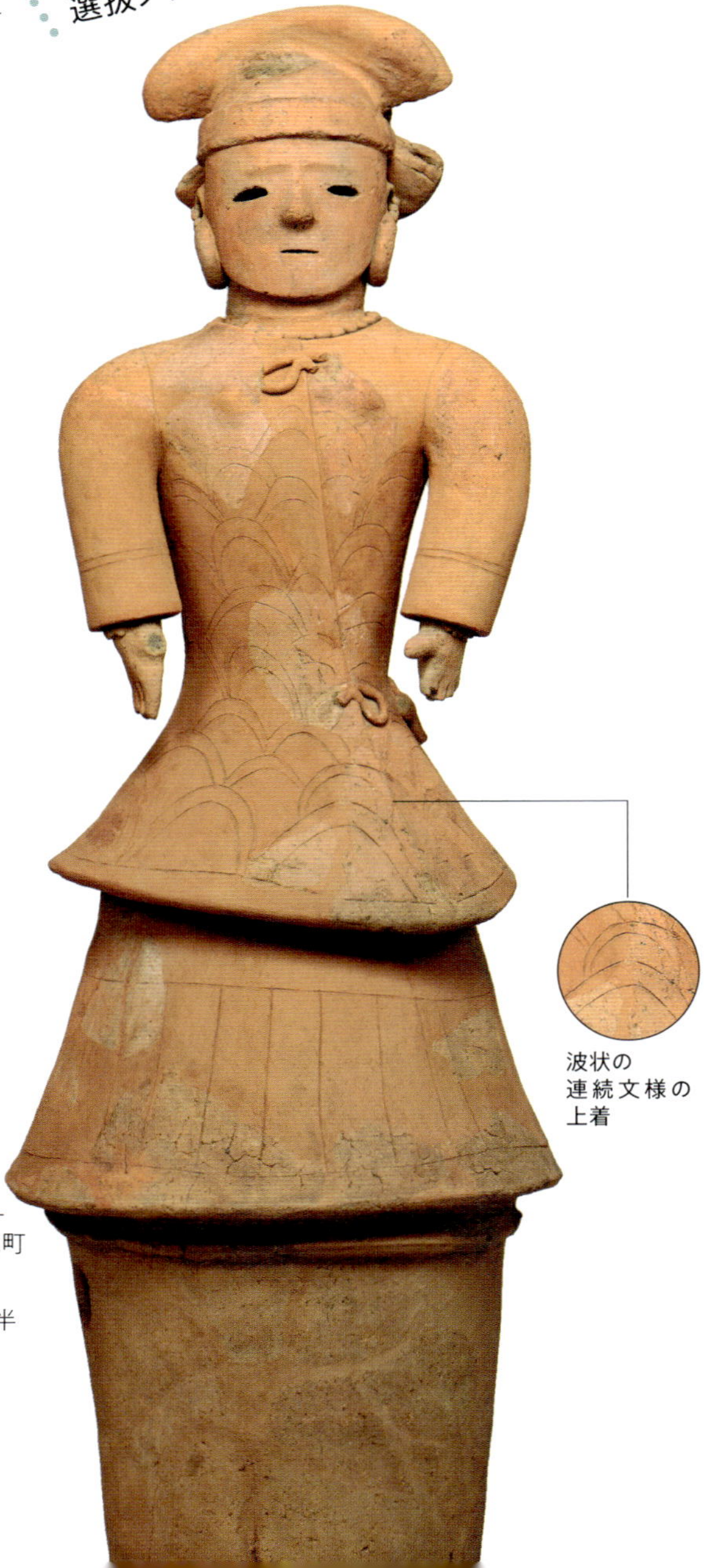
はにわは
選抜メンバー!?
裳(スカート)まで
全身を表現

重要文化財
盛装女子

群馬県伊勢崎市豊城町
横塚出土
古墳時代・6世紀後半
東京国立博物館蔵

鈴がついた鏡

重要文化財　腰掛ける巫女

巫女という名称ですが、祭祀に関わる所作をしていないことから、巫女ではない可能性があります。
いすに座っていることから位が高い人物とみられます
群馬県大泉町古海出土／6 世紀後半／東京国立博物館蔵

それぞれ背中に２枚ずつ鏡をつけている

国宝　三人童女

手に持った弦を口で鳴らすという、儀礼の姿を表現しているとされる３人並びの女子。その見た目から「童女」とよばれますが、巫女か采女（うねめ）と思われます
群馬県高崎市　綿貫観音山古墳出土／6 世紀後半
文化庁蔵（群馬県立歴史博物館保管）
写真提供：群馬県立歴史博物館

5世紀の後半以降、人物を表現した埴輪がしだいに多く見られるようになっていきます。これが、みなさんもおなじみの人物埴輪です。

形象埴輪には、人物埴輪のほかに家形《いえがた》埴輪、器財《きざい》埴輪、そして動物埴輪がありますが、人物埴輪は形象埴輪のなかでは最後に登場しました。

古墳時代の人びとを表現した人物埴輪は、当時の人びとの実際の姿を垣間見ることができる貴重な存在です。ただし、人物埴輪が多く見られるのはあくまで5世紀後半以降で、古墳時代の後半に限られます。つまり、古墳時代を通じて人びとの姿を表現しているわけではなく、その姿は古墳時代の後半の人びとに限定されるということです。そうであるとはいえ、人物埴輪に表現されている髪型、服装、アクセサリーなどの身のまわりの品々からは、古墳や遺跡から出土するさまざまな道具の使い方や役割について多くのことがわかるのです。

もうひとつ注意が必要なのは、人物埴輪に、古墳時代に暮らしていたあらゆる人びとが登場するわけではない、ということです。なぜなら埴輪は、古墳に眠る王にまつわる儀礼や、王をとりまく理想化された世界を表現していると考えられるからです。つまり、王や王にまつわる儀礼に関わる人物が埴輪になることが多かった、ということです。そのことは、時代を追ってどのような人物が埴輪として表現されるようになっていったかをみることでわかります。

また、それぞれの人物埴輪には、そのほかの形象埴輪と同じく役割があります。それは王や古墳のガードマン（衛士《えじ》）であったり、王のための儀礼をとりおこなう巫女のような女性であったり、祭祀を主導する王の側近や親族であったり、なかには王が乗ったであろうウマ（馬形《うまがた》埴輪）をひく埴輪もあります。そうした役割に沿ったポーズも注目すべきポイントです。たとえば、衛士であれば盾を持っています。巫女と思われる女性の埴輪は、両手をあげてなにかを拝むかのようなポーズを、盛装した高位の人物であれば威儀《いぎ》を正すように直立したポーズを、ウマをひく人物は手綱をとるため片手をあげているポーズをとっているものが多く見られます。このように、その人物埴輪の役割に合わせて、いわば〝お決まりのポーズ〟があるのです。

では、なぜこのようにポーズが定型化したのでしょうか？　それは、人物埴輪は複数の種類を組み合わせて「場面」を表現しているからです。そして、埴輪によって表現される場面自体が定型化していったからです。たとえば、武人や捧げものをもつ高位の女性が「王に奉仕する」場面や、弓矢を携えた人物とシカやイノシシなどの動物埴輪を組み合わせた「狩り」の場面などが再現されました。このように場面が定型化されるのに伴い、場面を表現する人物埴輪もその場面に沿って、ポーズが定型化していきます。こうして〝お決まりのポーズ〟が再現されるのです（→ヒミツ10）。

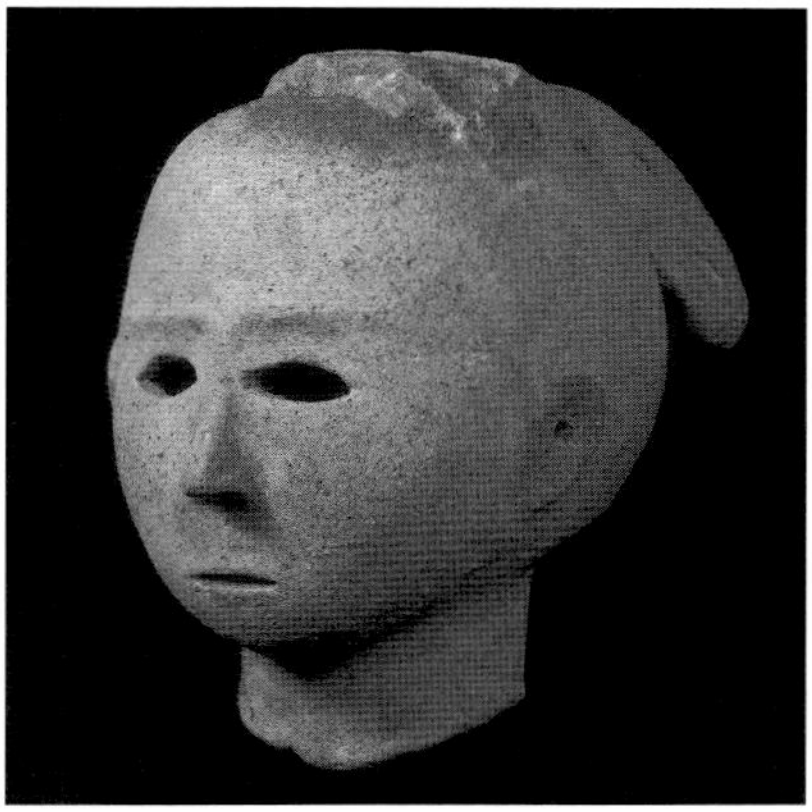

女子頭部
大阪府堺市　大仙陵古墳（仁徳天皇陵古墳）出土
宮内庁書陵部蔵／写真提供：宮内庁書陵部

最初に出現した人物埴輪は、盾持人《たてもちびと》です（→最初期の盾持人を73ページで紹介しています）。これは当初、盾形《たてがた》埴輪の上に人物の頭を表現しただけのものでした。盾形埴輪は、もともと邪を避ける役割の埴輪です。その盾形埴輪に組み合わされて出現したということは、盾持人は悪いものが寄りつくことを避け、邪悪なものから古墳を守るための衛士として立て並べられたことを示すのでしょう。盾持人の顔を見ると、口角を下げつつ口を大きく開いたおどろおどろしい表現のものや、満面の笑みを浮かべているものがあるのは邪をはらうための表情だからなのです。

その後、女性を表現した埴輪が多くつくられました。ここでようやく上半身や腕を表現した、人物らしい姿の埴輪がつ

埴輪になった男性たち

盛装の男子

靫（ゆぎ）を背負っており、狩りに臨む高位の人物の姿とみられます

奈良県大和高田市 池田遺跡出土／5 世紀後半～6 世紀前半／大和高田市教育委員会蔵
写真提供：大和高田市教育委員会

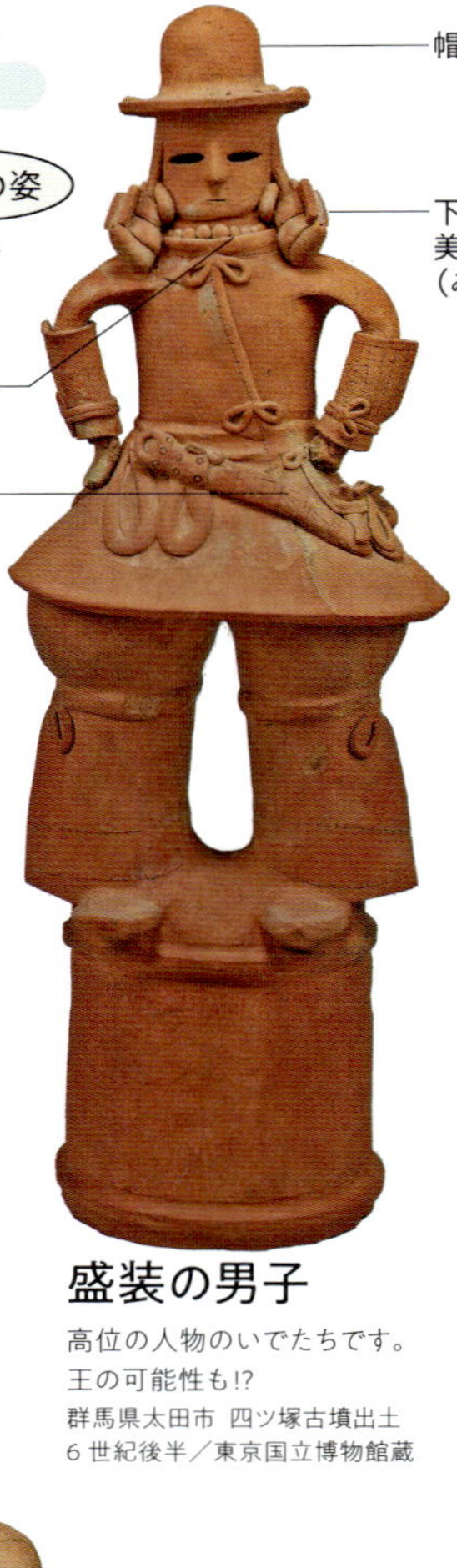

盛装の男子

高位の人物のいでたちです。
王の可能性も!?

群馬県太田市 四ツ塚古墳出土
6 世紀後半／東京国立博物館蔵

琴をひく男子

音楽を専門に奏でる「楽士」、あるいは全身が表現されていることから、位の高い人物が演奏する姿とも考えられます

伝茨城県桜川市出土／6 世紀後半
東京国立博物館蔵

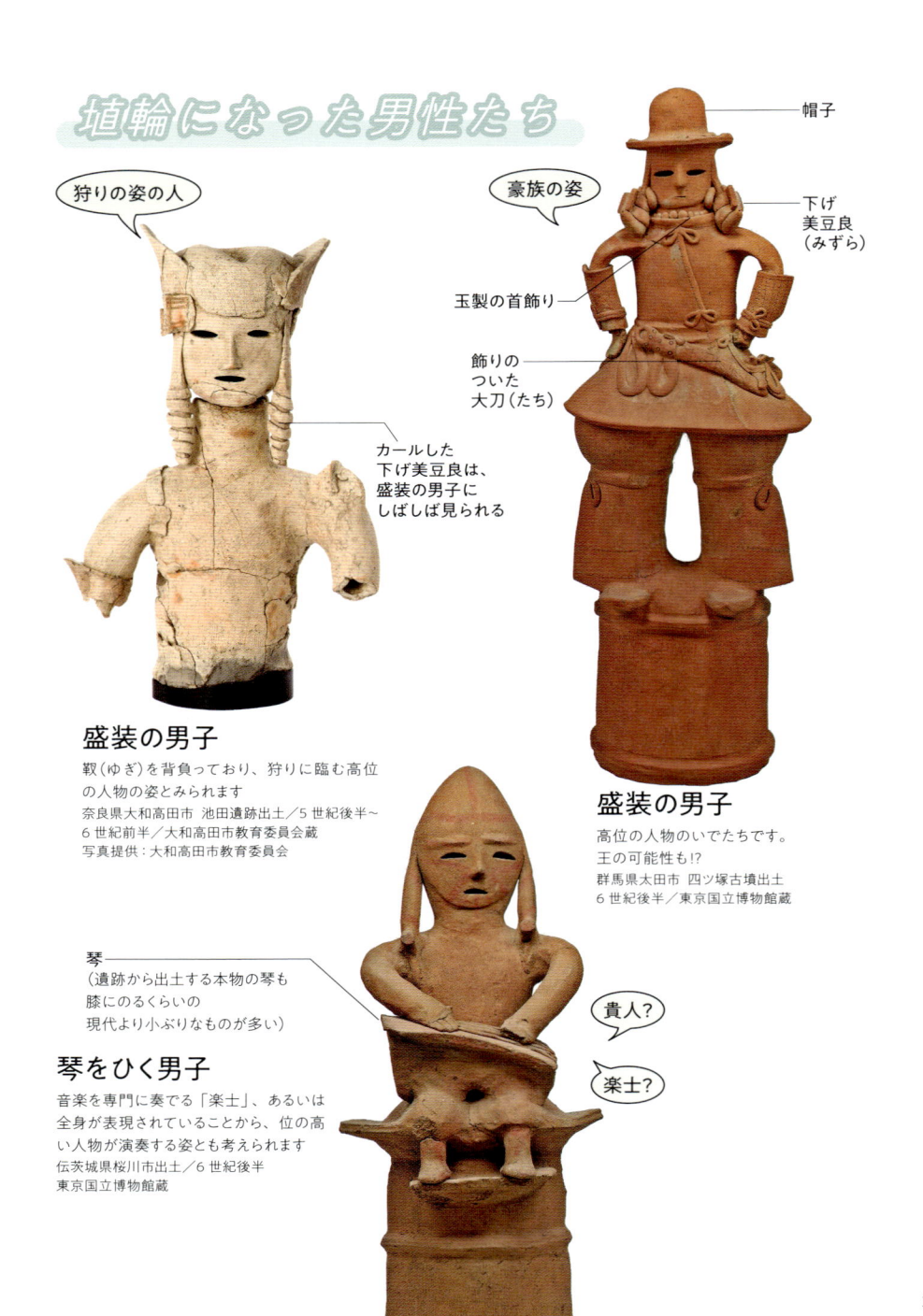

武人

盾持人と同様に、甲冑形埴輪に顔をつけただけのもの。人物埴輪の先駆けです

大阪市 長原 45 号墳出土／5 世紀前半
大阪市教育委員会蔵
写真提供：大阪市文化財協会

鍬《くわ》を担《かつ》ぐ男子

特徴的なとんがり頭は、菅笠(すげがさ)が省略されたもの。耳飾りや大刀を持っていることから、農民の代表者のような人物だったのでしょう

群馬県伊勢崎市 赤堀村 104 号墳出土／6 世紀後半
東京国立博物館蔵

盾持人《たてもちびと》

前に盾を掲げ、古墳に近づく“悪”を追いはらうガードマンです

群馬県太田市年保出土／6 世紀後半
東京国立博物館蔵

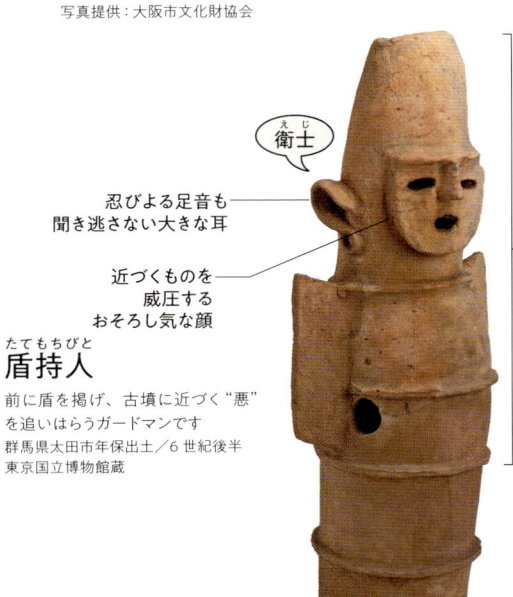

「盛装女子」（p. 20）の髷「古墳島田」

くられるようになります。その古い事例が大阪府堺市の大仙陵古墳（仁徳天皇陵古墳）から出土した「女子頭部」の埴輪です（→23ページ）。

この事例に限らず、女性の埴輪の髪型は「古墳島田」で表現されているため、埴輪の男女の見分けは容易です。古墳島田は、江戸時代以来の島田髷《まげ》（和装の結婚式などで結う「文金高島田」を想像してみてください）とは仕上げ方こそ異なるものの、髪を束ねて折り重ねたり結んだりして竪櫛《たてぐし》（幅が狭く歯が長い櫛）で留める結い方が通じます。

女性の埴輪は、多くがなにかを捧げたり、両手をあげて拝礼したりしているように見える所作をしています。これは豪族の子女から選ばれて王に仕えた高位の女性（采女《うねめ》）、もしくは巫女のような立場の女性が、儀礼にあたって王に奉仕する姿と考えられています。

ほどなくして5世紀後半には、さまざまな祭祀や王のまわりの場面が埴輪で表現されるようになり、男性の埴輪を中心に、人物埴輪の種類は大きく増えます。女性の埴輪には采女や巫女という王や神に奉仕する人物が多いのに対して、男性の埴輪にはさまざまな職掌のものがあります。武人や力士、馬ひき（馬子《まご》）、農民など特定の職掌のものや、あるいは琴や太鼓を演奏する人物といった、祭祀や儀礼の登場人物たちが表現されました。

格式が高い家や威儀具《いぎぐ》、位が高い人物の埴輪が居並ぶなかで、農民のようないかにも〝下々《しもじも》の者〟といった風情の人物が加わっているのは一見するとおかしいように思えます。しかし、こうした農民の埴輪には、鍬《くわ》をかついでいるものの、時として耳飾りのような装飾品を身につけ、腰には刀を下げるなど、単に〝下々の者〟とは思えない特徴がしばしば見られます。おそらく農民の代表者であった人物でしょう。王が治めた地域の人びとの代表者として儀礼に参加しているのかもしれません。

古代の男性の髪型といえば、頭の両脇に髪を輪にして束ねる美豆良《みずら》が想起されます。じつは美豆良にも区別があり、耳の横で髪を束ねるのは「上げ美豆良」、両耳の下に結った髪を垂らすような髪型を「下げ美豆良」とよんでいます。

盛装の男子
てっぺんに鈴がついた帽子をかぶる人物像。カールした下げ美豆良が特徴です
群馬県藤岡市白石字滝出土／6世紀後半
東京国立博物館蔵

玉などの装飾品や大刀《たち》を身につけるような立派な身なりから高位の人物と思われる埴輪では、下げ美豆良のものが多く見られます。また、上げ美豆良の埴輪が簡素であるのに対し、下げ美豆良の埴輪には飾りや色による装飾がなされている事例もしばしば見られます。そのため、上げ美豆良と下げ美豆良のちがいが身分の差を表しているのではないか、という見方は的を射ているかもしれません。

最後に、実際の美豆良（本物の髪の毛！）が見つかった茨城県土浦市の武者塚古墳の例をあげておきましょう。武者塚古墳は7世紀半ばの方墳です。石室から銀製の飾り大刀や青銅製の杓《しゃく》など珍しい副葬品が出土していて、被葬者は高い位の人物とみられます。この人物の髪の毛が見つかったというわけなのですが……なんとそれは上げ美豆良でした！　下げ美豆良は戦いや農作業の時にはいかにも邪魔になりそうですから、場合によって髪型を分けていたのかもしれませんね。

ヒミツ
5

踊る埴輪のすべて

実は踊っていない…?!

「踊る」説を
支持する人は
まるい口を
歌っている
様子を表現
しているもの
としている

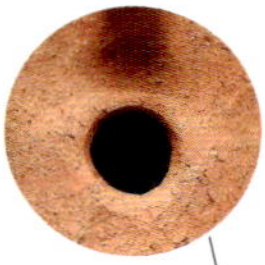

腰には帯が表現
される。帯から
紐のようなもの
が下がっている
がなにを表して
いるのかは不明

踊る人々

埼玉県熊谷市 野原古墳出土
古墳時代・6世紀後半
東京国立博物館蔵

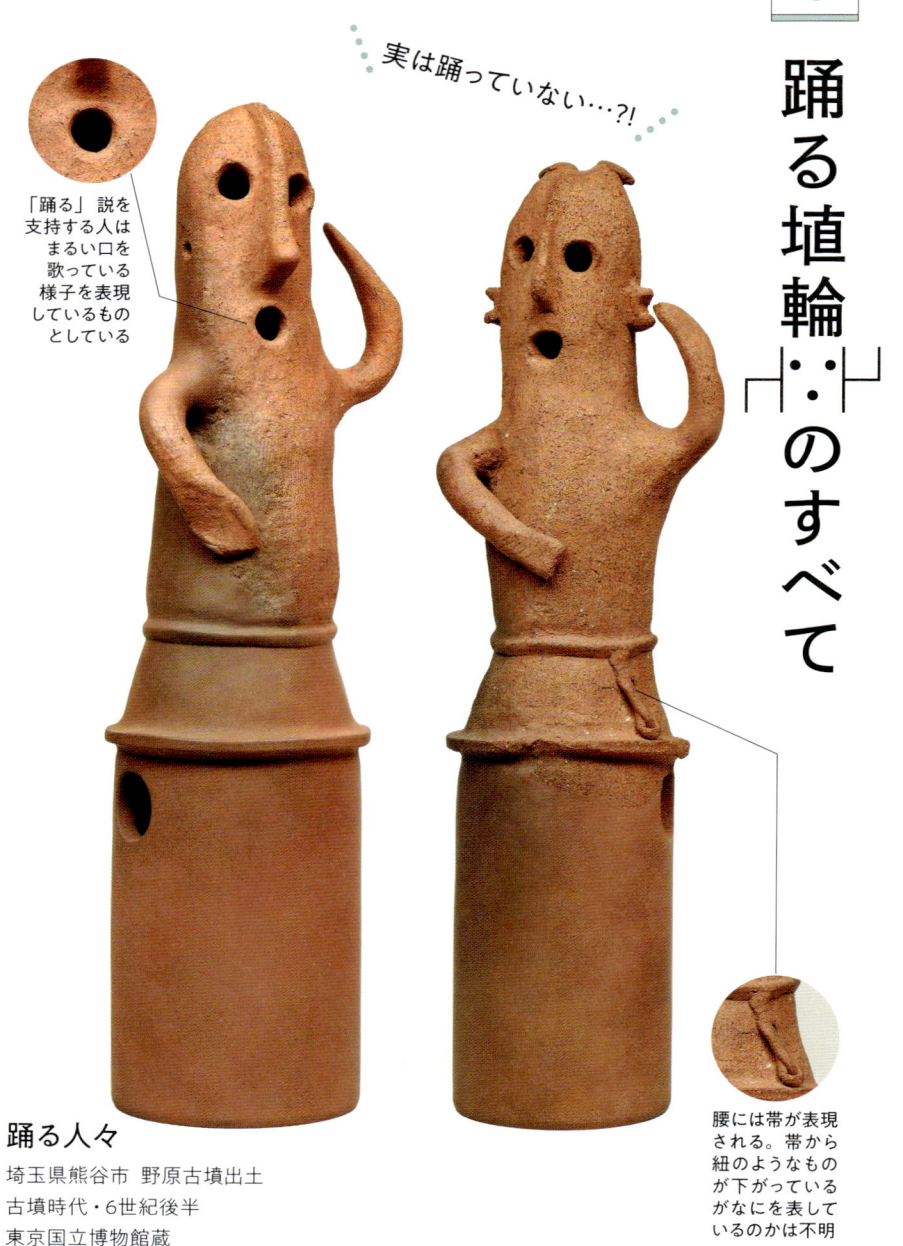

耳の位置には孔(あな)。
耳たぶがなく
孔だけで耳を表現して
いるのかも?

お団子のような
ものは、帽子か
結んだ髪だと
考えられる

上げ美豆良
(みずら)

刃が湾曲した
曲刃鎌(きょくじんがま)。
背の低いほう
の人物だけが
身につけている

「踊る人々」の後ろ姿

帯と鎌を表現するのみで、背面も非常に
シンプルな造形です

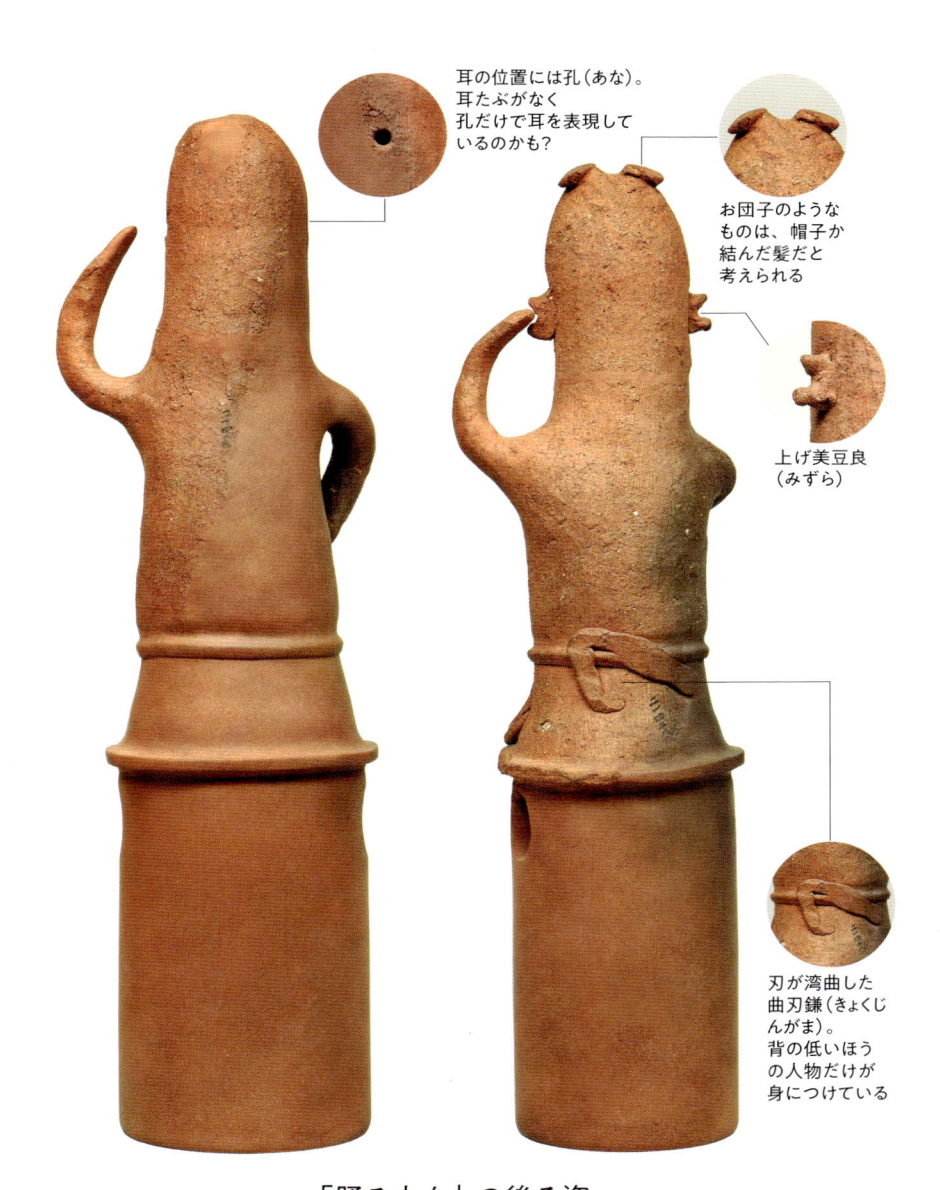

日本で一番有名な埴輪は「踊る埴輪（別名：踊る人々）」でしょう。さまざまな埴輪グッズのモチーフにもなっているので、埴輪と聞いてぱっと思い浮かぶのがこの「踊る埴輪」の姿だ、という人も多いかもしれません。ヒミツ25に登場する「挂甲《けいこう》の武人」と並んで、東京国立博物館が所蔵する埴輪の代表例です。

ところがこの「踊る埴輪」、これだけ埴輪のイメージとして定着しているにもかかわらず、じつは、はにわ界のなかではレアな造形なのです。それがなぜ、こんなにも有名になったのかというと、全体にまるみをもつ造形がデザインとしてすぐれているという、美術的な価値の高さゆえではないでしょうか。

また、「踊る埴輪」は国宝や重要文化財には指定されていません。これには複数の理由があるのでしょうが、どのように出土したのか、まったくわからないことが最大の要因だと思います。1930年（昭和5年）に埼玉県熊谷市にある野原古墳という前方後円墳から出土したことはわかっていますが、古い調査のため、現代とは異なり出土状態を詳細に記録することが一般化していなかったのです。そのためか、この埴輪の性格も謎に包まれています。

野原古墳は、近隣の住民が山林を開墾する際に発見され、埴輪もそのときに見つかりました。当時の法律にのっとって、東京帝室博物館（現・東京国立博物館）に収蔵された埴輪は、博物館の職員であった後藤守一《しゅいち》によって「踊る男女」と命名されました。後藤は、片手をあげるしぐさから踊っていると考えたのです。また、背の低いほうの人物の耳付近に、男性の特徴的な髪型である美豆良《みずら》がついているので男性、美豆良のない背の高いほうの人物は女性と考えました。その後、後藤は背の高い人物は男女いずれか判断するのは不明であるとし、「踊る人々」と名づけ直しました。

では、なぜ「踊る」と考えたのでしょうか。これは、中国の歴史書『魏志倭人伝《ぎしわじんでん》』の記述によります。『魏志倭人伝』は3世紀頃の日本列島について書かれていますが、このなかに「人が亡くなった際に、喪主は泣き、他の人は歌舞し酒を飲む」とあります。古墳は大きな墓です。後藤は、『魏志倭人伝』の記述をもとに、この埴輪は墓（野原古墳）に埋葬された王の霊前で歌い舞う様子を表現していると考えたのです。この説は歴代の東京国立博物館の職員を中心に継承され、「踊る人々」として定着しました。

1980年代になると、新説が登場します。片手をあげてウマをひいている姿ではないかという、馬子《まご》説です。そのおもな根拠は、片手をあげる人物埴輪と馬形《うまがた》埴輪とが一緒に出土する例が増えたことにあります。背の低いほうの人物が腰にぶら下げた鎌は、ウマの飼葉《かいば》を刈るための道具と解釈されています。

一方で、歌舞に関わる埴輪の類例も増えてきています。たとえば、「裾をまくる女性」は、半裸で踊ってアマテラスオオミカミを岩屋から誘いだそうとする、日本神話のアメノウズメを連想させます。踊っている埴輪がまったく存在しないともいえないのです。

じつは、1930年の調査で、野原古墳から馬形埴輪も出土しています。ところが、前述のように詳しい出土状況の記録が残っておらず、「踊る埴輪」との位置関係がわかりません。馬形埴輪の前に「踊る埴輪」が立っていたのであれば、馬子説で決着がついたのでしょうが……。いまだ真相は謎に包まれています。

さて、その性格に議論はあるものの、そして国宝や重要文化財に指定されていなくても、「踊る埴輪」が重要であることはたしかです。目や口はまるく孔《あな》をあけただけ、服は、かろうじて帯が表現されているのみです。髪型の表現もシンプルで、首もありません。この省略化した姿こそ、6世紀後半の退化しつつあった埴輪の代表例として重要なのです。

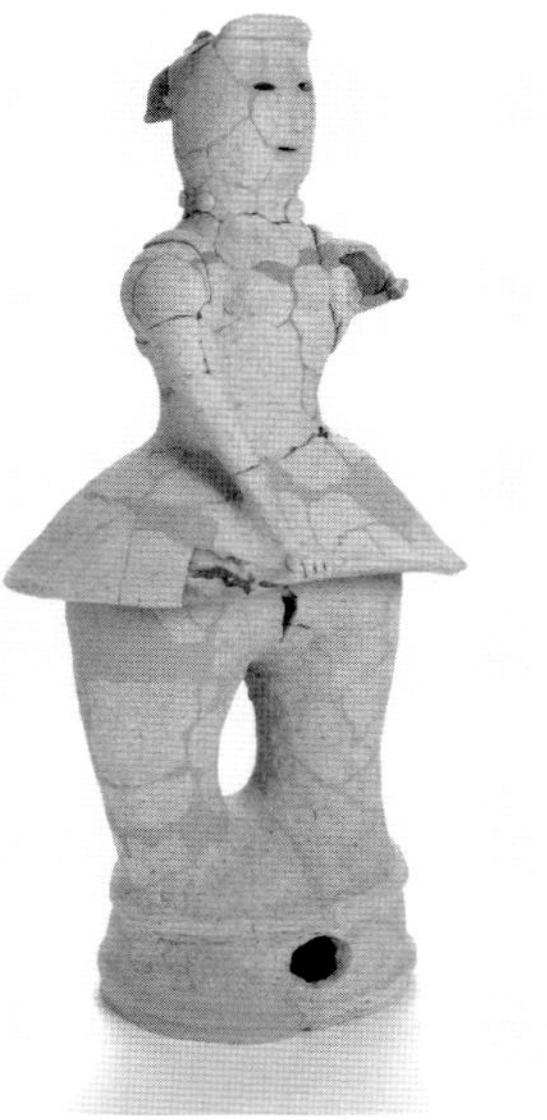

裾をまくる女性
宮崎県新富町　新田原（にゅうたばる）58号墳出土
6世紀／新富町教育委員会蔵
写真提供：新富町教育委員会

ヒミツ
6

王の物語を伝える動物——動物埴輪

轡《くつわ》（f字形鏡板付轡）
岡山県真庭市
四ツ塚1号墳出土／6世紀

杏葉《きょうよう》（剣菱形杏葉）
群馬県伊勢崎市
恵下（えげ）古墳出土
6世紀

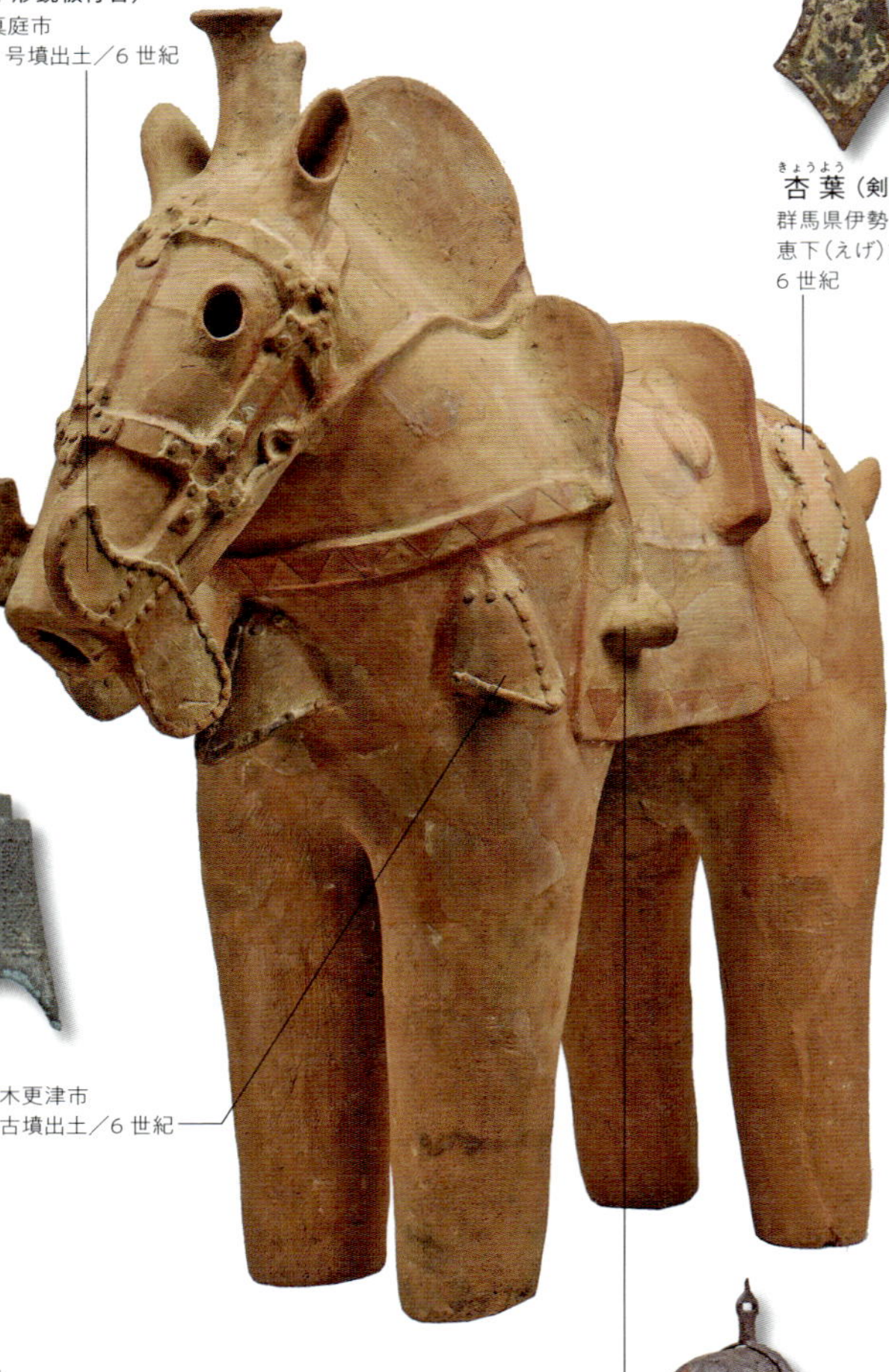

馬鐸《ばたく》
千葉県木更津市
鶴巻塚古墳出土／6世紀

馬形《うまがた》埴輪
群馬県高崎市 上芝《かみしば》古墳出土
古墳時代・6世紀後半
東京国立博物館蔵

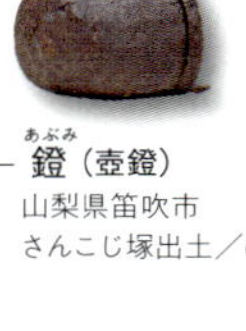

鐙《あぶみ》（壺鐙）
山梨県笛吹市
さんこじ塚出土／6~7世紀

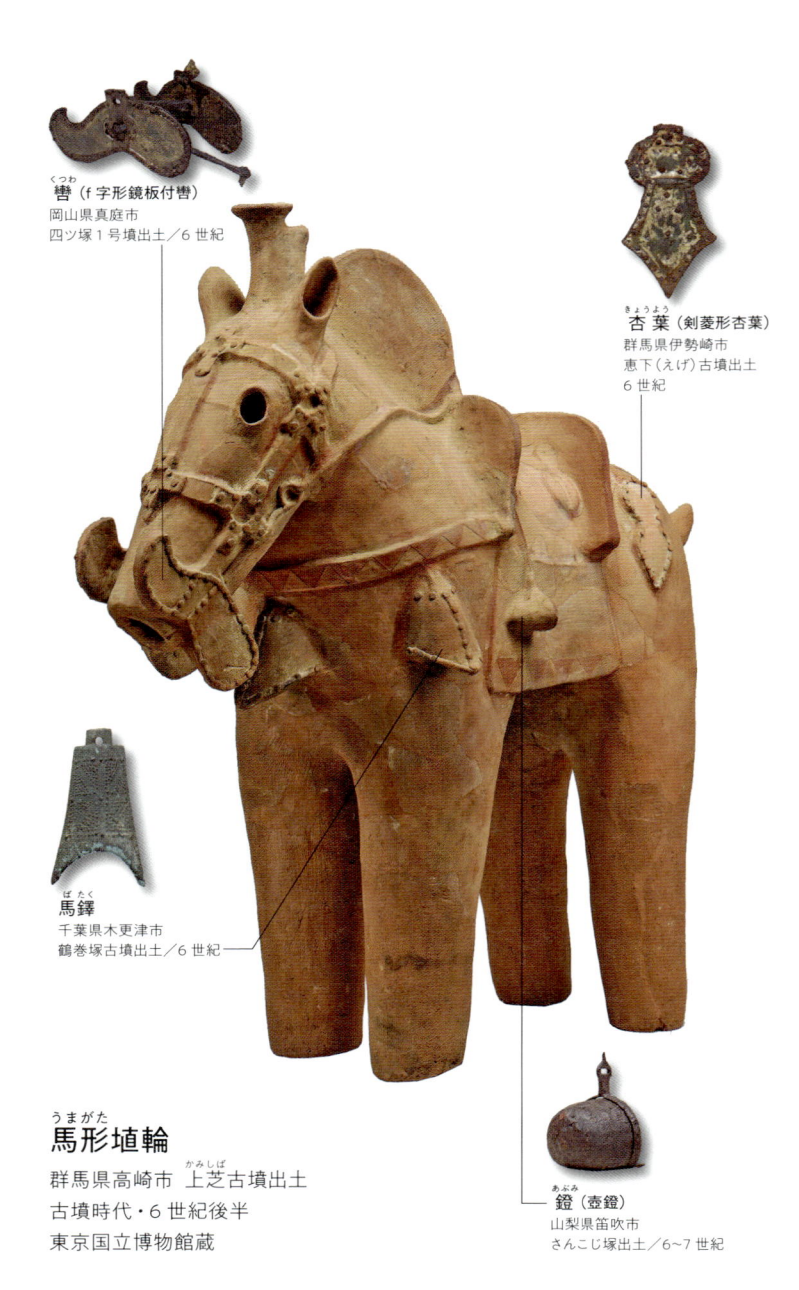

背中のたてがみを立たせ
怒っている表現

猪《いのしし》形《がた》埴輪

大阪府堺市 陵西遺跡出土
5~6世紀

首の付け根に
鏃(やじり)が
刺さっている

鹿《しか》形《がた》埴輪

茨城県つくば市下横場字塚原出土
6世紀後半

埴輪・馬具はすべて東京国立博物館蔵（p. 32-33）

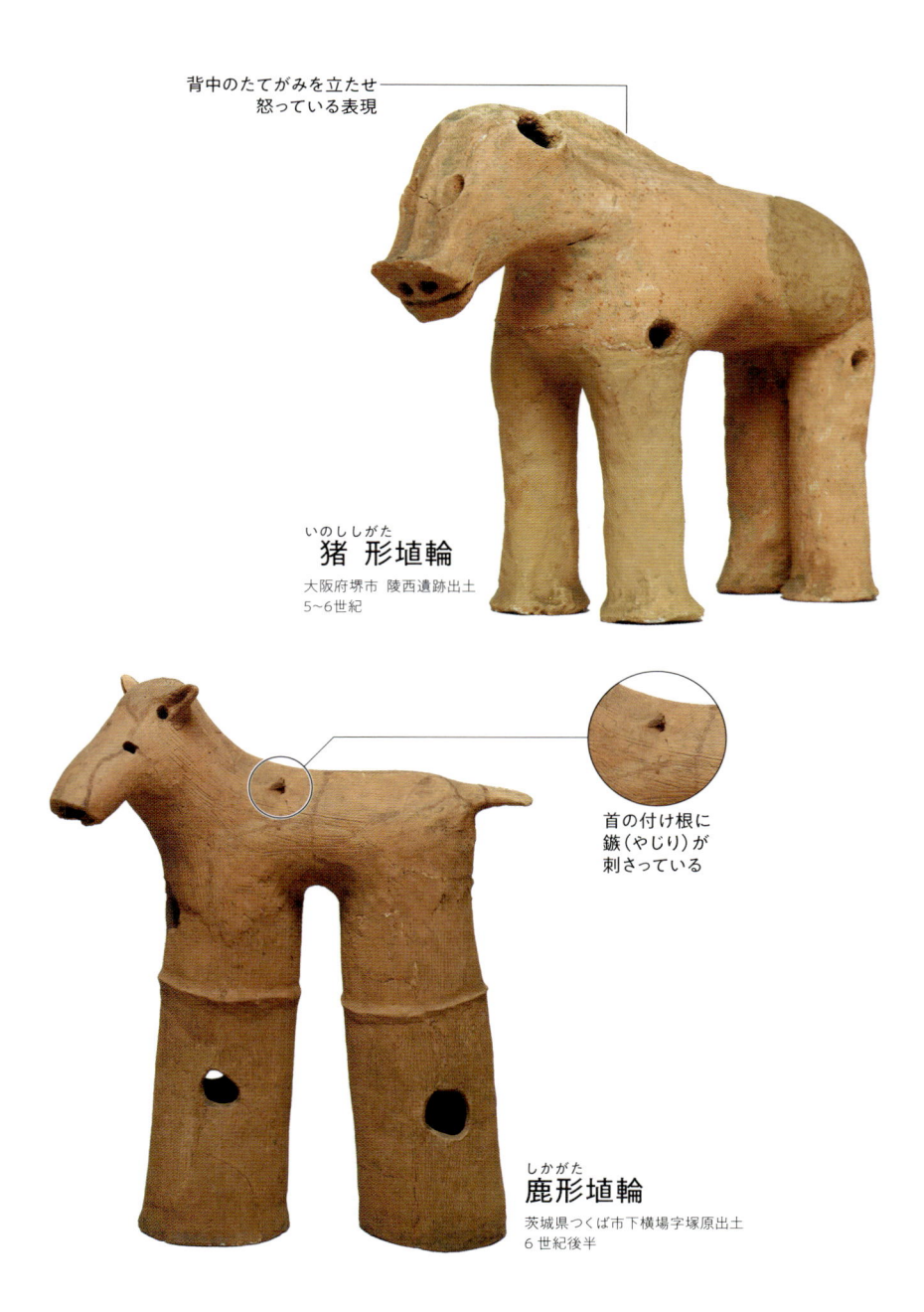

動物埴輪には多くの種類があります。鳥（ニワトリ、水鳥、ウ＝鵜、タカ）、ウマ、シカ、イノシシ、イヌが比較的多く見られるものです。珍しいものでは魚などがあります。

一方で、日本列島固有の動物のなかには、埴輪にならなかったものも多いことに気づいている人もいるかもしれません。たとえば、ウサギ（ニホンノウサギ）、タヌキ（ホンドタヌキ）、キジなどは、縄文時代以前から食用としてなど、身近な動物でした。しかし現在まで、これらの動物を表現した埴輪が出土したことはほとんどありません。

その理由は、動物埴輪にこめられた意味や、埴輪で表現される「場面」がどのようなものだったかをみることでわかります（↓ヒミツ10）。そして、埴輪に表現される場面には、いわば〝定型文〟ともいえる決まりがあり、動物にもそれぞれ役割がありました。つまり「場面」に登場しない＝役割のない動物は選ばれなかったのです。そこで、ここではどのような場面でどのような動物が登場するのか、みていきましょう。

動物埴輪のなかで最初に登場したのがニワトリの埴輪です。ニワトリは「夜明けを告げる」鳥として王の墓から悪いものを避ける特別な鳥でした（↓ヒミツ7）。

ついで登場したのが水鳥です。水鳥は、古墳の墳丘のまわりに出島のような施設（島状遺構）や「造出《つくりだし》」という祭壇状の施設がつくられるようになった頃に出現します。島状遺構や造出は、墳丘を

重要文化財 船形埴輪
宮崎県西都市 西都原（さいとばる）170号墳出土／5世紀前半／東京国立博物館蔵

囲む濠《ほり》（周濠《しゅうごう》）に張り出したような施設です。濠に実際に水が張られていたかは議論がありますが、埴輪として水鳥が選ばれたのは、水に関わりがある動物だからなのはたしかです。たとえば同じ頃に船形《ふながた》埴輪がつくられるようになることも、やはり水に関わるものだからでしょう。死んだ王を古墳あるいは「他界」（あの世）へと運ぶ役割を水鳥や船に託したのかもしれません。

馬形《うまがた》埴輪は、古墳に副葬されるような飾り馬具を身につけた「飾り馬」が表現されることが多く、その存在は古墳に葬られた王のステータスシンボルともいえるものでした。

ウマは5世紀前半頃に日本列島に導入され、間もなく埴輪になりました（→ヒミツ15）。ウマは戦闘時だけでなく、荷を運んだり、耕作などにもその存在価値は絶大でした。飾り馬具は金銅製や鉄板で形をつくり金銅を貼ったものが多く、金色に輝くきらびやかなものでした。さらに馬鐸《ばたく》（鐘）や鈴がつけられたものも多く、まだまだ聞きなれない金属音を響かせて通るウマの姿に、当時の人びとは驚嘆の眼差しを向けたことでしょう。王のステータスシンボルとして飾り馬の埴輪が広くつくられるようになるのです。現代ならば、高級外車といったところでしょうか。

ウシもウマと同じようにもともとは日本列島にいなかった動物です。人が乗ったり戦闘に用いたりすることがなかったためか、出土事例はあまり多くありません。しかし、畑を耕したり荷物を運んだりするのには大いに活躍したと考えられ、珍しい動物として埴輪になることがあったようです。

一方、イノシシやシカは野生の動物です。イノシシは一見すると穏やかな表情をしていますが、実際には背中のたてがみを立て、怒っている姿で表現されています。シカは、時に見返り姿、つまりこちら（古墳の場合は王や狩人から見て、ということになるでしょう）に背中を向けて逃げている最中に振り返った姿が埴輪になっています。また、背に矢が刺さった表現があるものも見つかっています。こうした例から、シカやイノシシの埴輪は狩りの対象として、追いたてられている姿であると考えられます。

人との関わりのなかで誕生した動物埴輪

犬形《いぬがた》埴輪

伝茨城県東海村外宿出土
6~7世紀
奈良国立博物館蔵

猪形埴輪

伝千葉県我孫子市出土
6世紀後半
東京国立博物館蔵

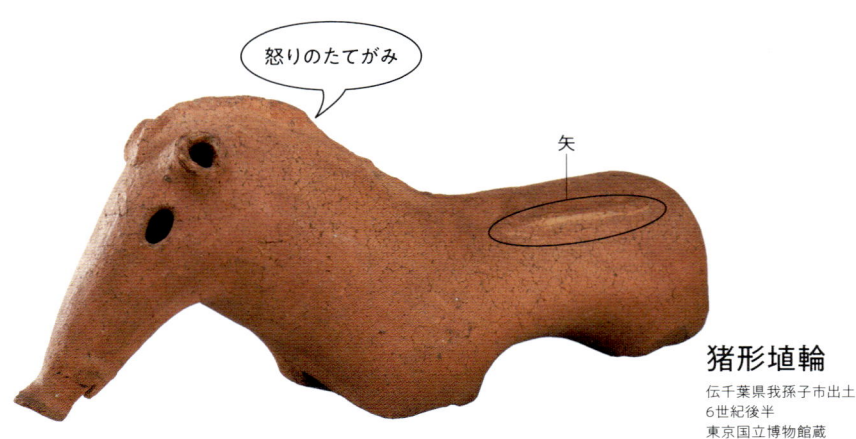

重要文化財　鹿形埴輪

伝群馬県伊勢崎市　剛志（ごうし、上武士）
天神山古墳出土／6世紀後半
九州国立博物館蔵

重要文化財　牛形《うしがた》埴輪

奈良県田原本町　羽子田（はごた）1号墳出土
6世紀前半
田原本町教育委員会蔵
写真提供：田原本町教育委員会

縄文時代につくられた猪形土製品
青森県つがる市木造亀ヶ岡出土
縄文時代（後～晩期）・前2000～前400年／東京国立博物館蔵

イノシシとシカは、それぞれ縄文時代と弥生時代には土製品や絵画のモチーフとなった代表的な動物です。これらの動物は人里に現れることも多い身近な動物ですが、近年でも農作物の食害で問題となることもあるように、古墳時代当時も困った存在でもありました。とくにイノシシは力が強く、おそろしい存在でもあります。「狩り」には王が人びとを守り、自然を従える儀礼としての意味があったことでしょう。

猪形《いのししがた》埴輪と一緒に犬形《いぬがた》埴輪が見つかった事例がありますが（→56ページ）、この犬形埴輪はこうした狩猟の際に活躍した猟犬であったのでしょう。ほかに、動物を用いた狩猟の場面としては、鷹狩りのタカの埴輪や、人物埴輪に鷹匠《たかじょう》が表現されることもありました。鵜形《うがた》埴輪も魚をくわえた姿で表現されており（→41ページ）、鵜飼いの様子がわかります。研究者のなかには、こうした「獲る・獲られる」関係を埴輪として表現することで、弱肉強食のような厳しい世界観を表しているという意見の人もいます。

東日本と西日本では、動物埴輪の表現が大きくちがうところもあります。それはウマやイノシシの脚の表現のちがいです。西日本では脚先に蹄《ひづめ》が表現されることが多く、墳丘上にそのまま置かれたことがわかります。一方、東日本では蹄の表現がないかわりに、脚が長く伸びたかのように先端まで円筒状につくられるのが特徴です。これは、東日本では、墳丘に脚先をある程度埋めて固定したためです。このように、同じ種類の埴輪でも地域によってちがいがあり、探してみるとおもしろいものです。

最後に、珍しい動物の埴輪についてもみてみましょう。類例は少ないですが、サルや魚なども埴輪になっています。これらはなぜ埴輪に選ばれたのでしょうか？　その解釈は難しいのですが、意図があって埴輪として表現されていることに変わりはありません。サルであれば、シカやイノシシと同様に、人里を荒らすやっかいな存在であったのでしょう。魚の埴輪は、その地域の特徴的な生業を表しているという意見もあります。つまり、漁が盛んにおこなわれている地域ということですね。

このように、人、とくに王を中心とするさまざまな物語のなかで埴輪になる動物が選ばれたのです。

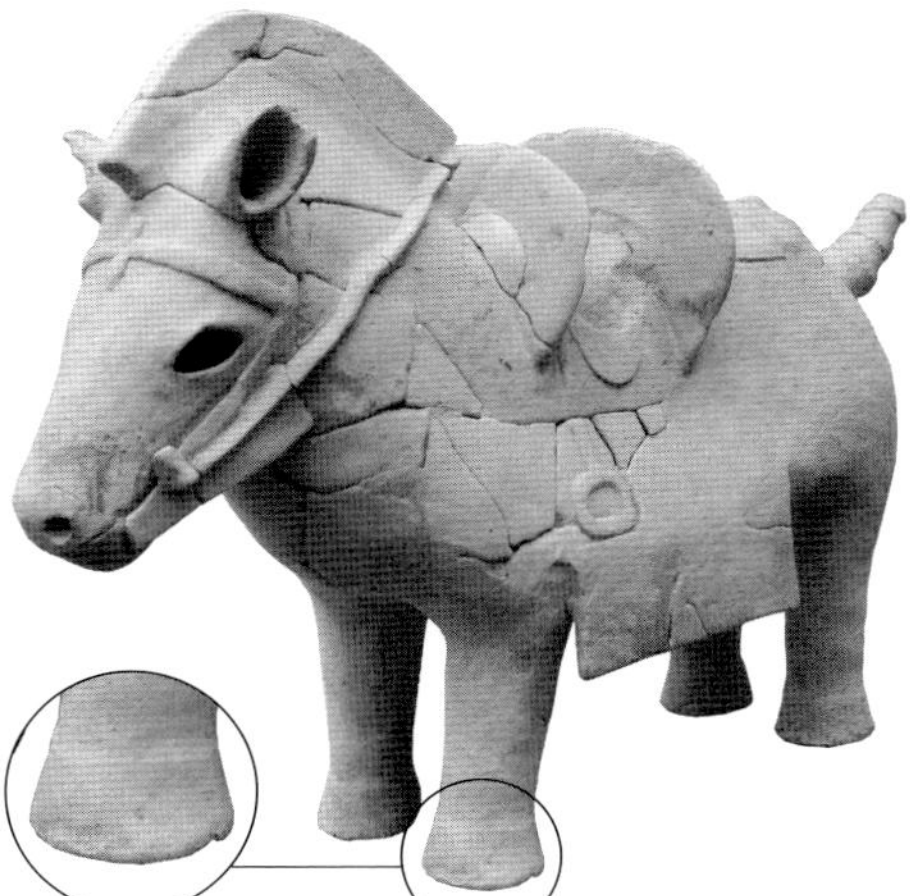

大阪府四條畷市の南山下（みなみさげ）遺跡出土の馬形埴輪。蹄が表現されていることがわかります
市指定有形文化財／5世紀前半／四條畷市教育委員会・四條畷市立歴史民俗資料館蔵／写真提供：四條畷市教育委員会

重要文化財 猿
背中には、なにかがはがれた跡があります。子ザルを背負っていたようです
伝茨城県行方市 大日塚古墳出土／6世紀／東京国立博物館蔵

ヒミツ
7

とくべつなトリ

鶏《にわとり》形《がた》埴輪
栃木県真岡《もおか》市
鶏塚古墳出土
古墳時代・6世紀後半
東京国立博物館蔵

鵜形《うがた》埴輪

首には鈴がついているため、人に飼われていたことがわかります

群馬県高崎市 保渡田(ほどた)八幡塚古墳出土／5 世紀後半／高崎市教育委員会蔵
写真提供：かみつけの里博物館

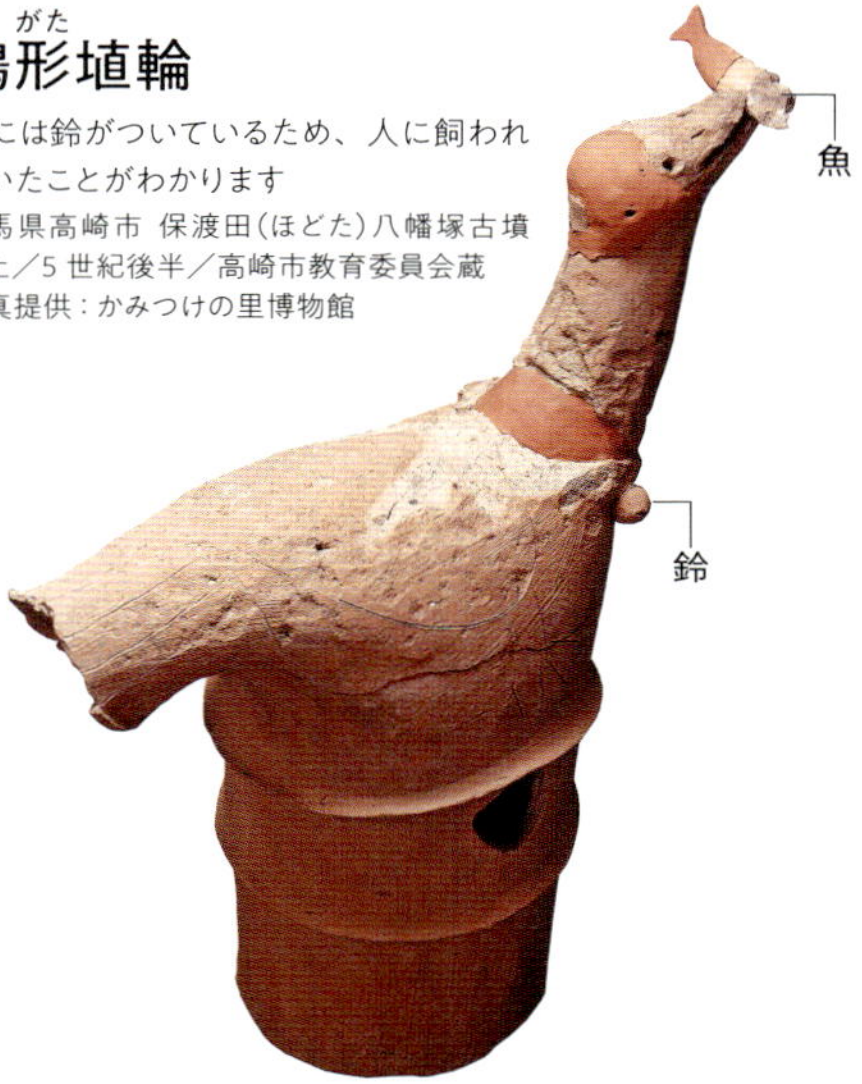

水鳥形《みずどりがた》埴輪

白鳥のようにするためか、 白い土でつくられています

大阪府羽曳野(はびきの)市 誉田御廟山(こんだごびょうやま)古墳（応神天皇陵古墳）出土／5 世紀前半
東京国立博物館蔵

重要文化財 翼を広げた鳥形《とりがた》埴輪

両翼を広げて滑空する姿を表現した珍しい埴輪です

和歌山県和歌山市 大日山 35 号墳出土／6 世紀前半
和歌山県教育委員会蔵
写真提供：和歌山県立紀伊風土記の丘

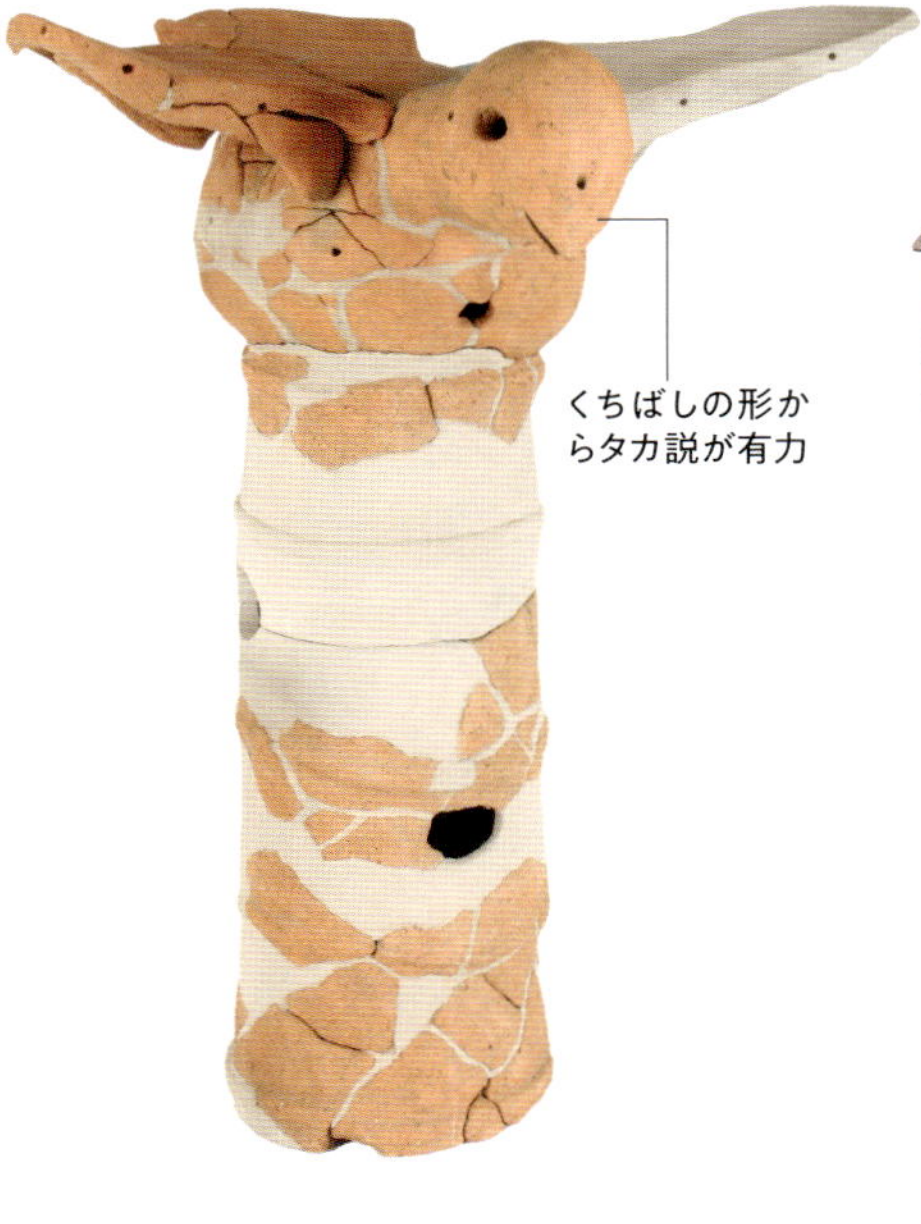

重要文化財 水鳥形埴輪

一つの古墳からたくさんの水鳥形埴輪が出土した例もあります

兵庫県朝来(あさご)市 池田古墳出土
5 世紀前半／兵庫県立考古博物館蔵
写真提供：兵庫県立考古博物館

山口県防府市の玉祖（たまのおや）神社の黒柏鶏（くろかしわけい）は日本古来のニワトリで、鳴き声が7~8秒、長いものでは10秒にもなります
撮影：河野正訓

埴輪になった鳥もいます。すべての鳥がモデルになったわけではなく、ニワトリや水鳥、ウ（鵜）やタカなどに限定され、それぞれ性格が異なります。

とりわけ数が多いのがニワトリです。鶏形《にわとりがた》埴輪は、鳥の埴輪のなかでもっとも早く、4世紀半ば頃にはつくられはじめています。そして、6世紀まで継続して長くつくりつづけられました。それゆえに、日本列島の鳥形埴輪のなかでも鶏形埴輪は、およそ300例と最も出土量が多いのです。

ニワトリは、いまでは卵や肉など食用としておなじみですが、古墳時代の人びとにとっては、食べるためではなく、神聖な鳥でした。そのなごりで、現代でも一部の神社では神聖な鳥として、ニワトリを放し飼いにしています。

では、どうしてニワトリは神聖視されたのでしょうか。それは、ニワトリが朝にコケコッコーと鳴くことに関係があります。古墳時代は現代とちがい、街灯のない時代です。夜は暗闇となり、邪悪なものが暗躍しているかのように感じられたことでしょう。そのため、日中の太陽がとても大切だったのです。コケコッコーと鳴いて朝を告げるニワトリは、当時の人びとにとって、太陽を導き邪悪なものを退けてくれる魔除けの鳥だったのです。

似たはなしとして、日本神話の天《あま》の岩戸《いわと》伝説があります。アマテラスオオミカミが天の岩戸に隠れた際に、世の中が真っ暗闇になりました。ずっと夜のままになってしまったため、困ったほかの神々が、なんとか天の岩戸から出てきてもらおうと、試行錯誤を重ねます。そのひとつが、ニワトリを鳴かせるというものでした。最後にはめでたく岩戸が開いてアマテラスオオミカミが姿を現します。そうすると世の中が明るくなり、みんながよろこんだ、という伝説です。

一方で、ニワトリが埴輪になることに別の理由を考える研究者もいます。オスとメスのニワトリがセットになることもあることから、「つがいになって「命（卵）を産む」という行為を象徴している」という説です。この場合、古墳に埋葬された人のよみがえりを願ったのでしょう。

鶏形埴輪からやや遅れて、4世紀後半に水鳥形《みずどりがた》埴輪がつくられるようになります。ハクチョウに代表される水鳥については、『日本書紀』に興味深い記述があります。戦いの帰り道、ヤマトタケルが現在の三重県の地で亡くなり、白鳥に姿を変えてヤマト（現在の奈良県）の方へ飛びたった、というものです。この伝説から、水鳥形埴輪には被葬者の魂を運ぶ役割があった、と考える研究者もいます。

しかし、近年、水鳥の役割の見直しを迫るような事例が見つかりました。それは、一つの古墳のために複数の水鳥形埴輪をつくったもので、そのなかの1体は背中にヒナをのせています（→41ページ）。魂を運ぶのであれば1体でよいはずで、水鳥がヒナをのせているのも魂を運ぶ情景としては不自然です。むしろ、水鳥の群れの様子を表現しているかのようです。この事例をどう考えるのか、今後の研究に期待がつのります。

人物埴輪が登場する5世紀には、人との関わりのなかでウやタカの埴輪が少数ながら現れます。ウは鵜飼い、タカは鷹狩りというように、いずれも王が愛好した催しごとを表現しているという見解があります。なお、鵜飼いは現在のようなやり方ではなく、ウを放って魚が溜まったら呼び戻して魚を吐き出させる「放ち鵜飼い」でした。

奈良時代の文献である『日本書紀』には約30種、『万葉集』では約40種の鳥に関する記述があります。ほかの鳥も古墳時代にはいたのでしょうが、埴輪のモチーフとしては採用されませんでした。逆にいうと、果たすべき役割を期待して特定の鳥を選び、埴輪としてつくったのだと考えられます。

ちょっとした
ヒミツ
8

木のはにわと石のはにわ

木製 蓋 大阪府羽曳野(はびきの)市 誉田御廟山(こんだごびょうやま)古墳(応神天皇陵古墳) 出土/5 世紀前半/東京国立博物館蔵

そもそも「埴輪」の「埴《はに》」とは土を意味します。ですから、埴輪ということば自体が「土でできたもの」という意味をふくみますが、古墳に立て並べられたのは土でできた埴輪だけではありませんでした。土の埴輪と同様に、木や石によりさまざまな動物や器物《きぶつ》をかたどったものが用いられることもあったのです。

考古学者はそれぞれ「木製立物《たてもの》」、「石製立物」あるいは「石製表飾《ひょうしょく》」とよんでいますが、ここでは土の埴輪と同様に古墳に立て並べられたものとして、「木の埴輪」「石の埴輪」とよぶことにしましょう。

木の埴輪は、遅くとも4世紀後半から現在の近畿地方を中心に用いられ、関東から九州まで広い地域で見つかっています。蓋《きぬがさ》やさしば、儀仗《ぎじょう》をかたどったものが目立ちます。多くの土の埴輪が円筒埴輪と同じ筒状の基部をもつのに対し、木の埴輪は長い柱状の基部で設置されていました。鳥形の木の埴輪の場合は、同じように木の柱で支えるほか、柱と柱のあいだに縄を張るなどしてぶら下げたものもあったのではないか、とす

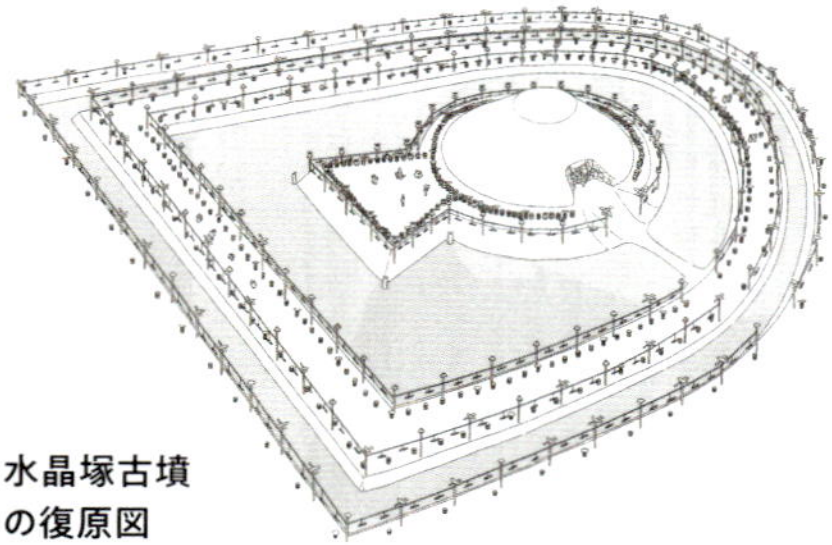

水晶塚古墳の復原図

土の埴輪とともに木の埴輪を古墳じゅうに立て並べ、縄を張って木製の鳥をぶら下げたと考えられています(奈良県大和郡山市)

出典:奈良県立橿原考古学研究所 2006『八条遺跡』

る説もあります。

ただし、木をはじめ植物や動物に由来する有機質は、長い年月のなかで残りづらいという難点があります。つまり、現在残っているものがすべてではないということです。墳丘の上に立てられた木の埴輪は、風雨にさらされ、多くが失われてしまったと考えられます。実際には、いままでに見つかった数より多くの木の埴輪が古墳を飾っていたのでしょう。

たとえば奈良県桜井市の桜井茶臼山古墳では、丸太状の木の柱を立て並べて亡くなった王が眠る石室を囲む「丸太垣《まるたがき》」があったことが明らかにされています。柱自体は立てた跡が見つかったのみで実態はよくわかっていませんが、のちに同じように円筒埴輪で石室を囲むことが多く見られるようになるため、桜井茶臼山古墳の丸太垣も木の埴輪に類するようなものであった可能性があります。木の埴輪については新しい発見によってこれから多くのことが明らかになっていくでしょう。

石の埴輪は、現在の福岡県、熊本県、大分県におもな分布が限られており、九州地方に特徴的な古墳文化の要素のひとつです。「石人石馬《せきじんせきば》」の呼び名でも親しまれています。5世紀の前半頃から見られ、最初は人物と甲冑《かっちゅう》をかたどったものに限られていましたが、古墳時代後期に入ると人物・甲冑に加えて、ウマ、盾や大刀《たち》などの武器、さしばや蓋、腰掛、壺などの器物をかたどったものがつくられました。

石の埴輪の場合、多くは限られた種類を数点のみ並べる事例が多いのですが、福岡県八女市の岩戸山

メスリ山古墳の墳頂埴輪配列の復元

メスリ山古墳（奈良県桜井市）に先行する桜井茶臼山古墳の丸太垣は、のちの埴輪列と関係するものと考えられています
提供：奈良県立橿原考古学研究所附属博物館

古墳では、多くの種類の石の埴輪が並べられたことがわかっています。そのなかには武人や力士などの人物、ウマやニワトリ、大刀や盾などがあります。復元すると2・5mほどにもなる特別に大きな武人像もあり、古墳に葬られた人物の権威の高さ、権力の大きさが感じられます。この古墳は6世紀中頃にヤマト王権に反乱を起こした豪族、筑紫君磐井《つくしのきみいわい》という人物の墓だと考えられています。鎌倉時代の書物『釈日本紀』には「磐井の墳墓に多くの石の埴輪が並べられたとの記述が『筑後国風土記《ふどき》』にある」と書かれています。岩戸山古墳は6世紀前半の築造と考えられており、古墳の状況もこの記述に合致することから、江戸時代以来、ここが磐井の墓だと考えられてきました。石の埴輪は岩戸山古墳以後ほとんど見られなくなりますが、磐井がヤマト王権に敗れたことで廃れてしまったのかもしれません。

　一方で、別の考え方をする研究者もいます。岩戸山古墳築造と同じ頃に、九州では石室の内部を絵や記号、文様で飾った装飾古墳が多くつくられるようになり、そのなかには盾や靫《ゆぎ》（矢入れ）、人物といった石の埴輪と共通するモチーフが見られます。つまり、石の埴輪という九州の個性は装飾古墳に受け継がれた、という考え方もできるのです。

武人　　靫

重要文化財 石人 高さ133 cm。片面は刀を下げた武人、もう片面は靫をかたどり、表裏で別のものを表現しています
福岡県八女市 岩戸山古墳出土／6世紀前半／東京国立博物館蔵

Ⅱ

はにわの歴史と古墳

ヒミツ
9

はにわは古墳があってこそ！

はにわには
役割がある！

盾持人《たてもちびと》
群馬県太田市藪塚町
若水塚出土
古墳時代・6 世紀
東京国立博物館蔵

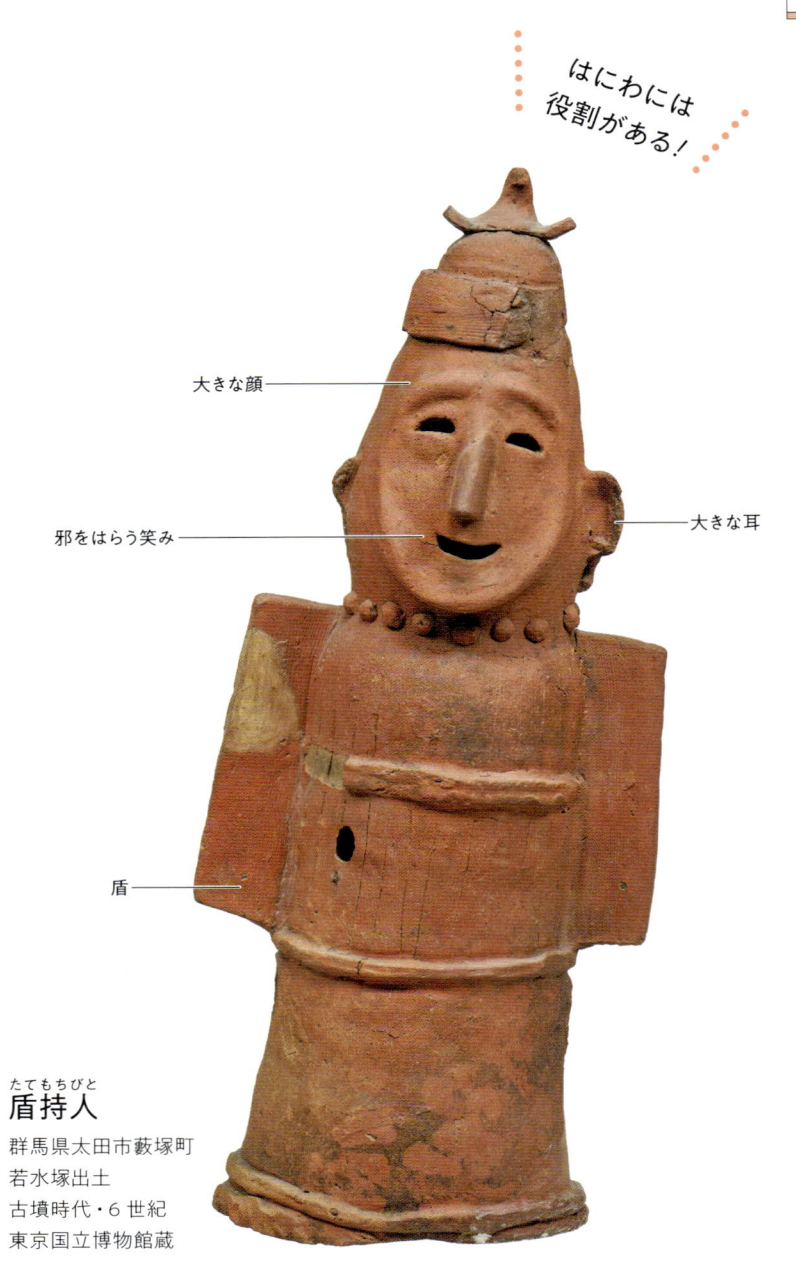

右の埴輪は、盾持人《たてもちびと》という種類の埴輪です。その名のとおり（とはいえ、ぱっと見には少しわかりにくいのですが）盾を持っています。大きな耳でどんなささいな音でも聞きもらさず、邪悪なものの接近を許しません。大きくつくられた顔には満面の笑みを浮かべていますが、これは、笑いの力で悪いものを近づけないようにしているのです。

盾を持ち、邪をはらう――この埴輪は古墳に立つガードマンです。古墳のはじっこ、境界に立って古墳を守っているのです。そのため、古墳の中心部分には盾持人はいません。

ところで、そもそも埴輪とは、どのような場面で使われたのでしょうか？　なんのためにつくられたのでしょうか？

埴輪がつくられたのは古墳時代、３世紀半ばから７世紀初頭頃までのことです。埴輪は古墳に立てるためにつくられた、まさに古墳専用品。日常的な生活の道具ではないため、集落に埴輪はありません。埴輪は、古墳もしくは埴輪を生産した工房周辺でしか見つからないのです。そして、工房で見つかる埴輪は、古墳に運ぶことなく捨てられたもの、つまり失敗作が大半を占めます。

Ⅰ章で紹介したように、埴輪にはさまざまな種類がります。そして、種類ごとに役割があり、ガードマンである盾持人が古墳の端に置かれたように、その役割にあった場所に置かれました。

ただし、なんのために古墳に埴輪を置くのか、その意味が

柳井茶臼山古墳の円筒埴輪と朝顔形埴輪
海沿いにつくられたこの古墳は、海からは見えない後円部（写真左側）には埴輪が置かれていなかったことから、“見せる”ことに意味があったと考えられます（山口県柳井市、写真はレプリカによる復元）

柳井茶臼山古墳の家形埴輪とそれをとり囲むように置かれた蓋形埴輪
（写真はレプリカによる復元）

時期によって変わる場合があります。

ヒミツ2でも紹介しましたが、形象埴輪のうち、もっとも重要なのは家形《いえがた》埴輪だと思います。家形埴輪は、埋葬施設の直上など重要な場所に置かれることが多く、古墳に埋葬された人の魂を宿すためにつくられたような埴輪だと考えられています。そのまわりに盾形《たてがた》埴輪や甲冑形《かっちゅうがた》埴輪、靫形《ゆぎがた》埴輪を立てることで、亡き人の魂が宿る家形埴輪を防御し、蓋形《きぬがさがた》埴輪を立てることで身分の高い人がいることを示します。さらに、円筒埴輪や朝顔形《あさがおがた》埴輪を古墳の周囲や上にめぐらせることで、人や邪悪なものが入ることがないよう「結界」の役割をもたせて、古墳を聖域としました。

このように、古墳時代のなかでも5世紀の途中まで古墳は閉鎖された聖域であり、古墳やその被葬者を守るような役割をもって、埴輪が立てられました。なぜ守る必要があるのかというと、一説には、邪悪なものが被葬者にとりつき、荒ぶる神となって人びとを苦しませることがないようにするためではないか、と考えられています。

一方で、埴輪は古墳を飾る意味あいも強かったようです。飾ることで被葬者の権力の高さを示したかったのでしょう。

5世紀後半頃、人物埴輪や動物埴輪がつくられるようになると、古墳に立てられる埴輪の役割も変化します。家形埴輪は依然として古墳の中心に置かれるなど、変わらないものもありますが、人物や動物の埴輪は人びとに〝見せる〟ような場所に置かれるようになります。

たとえば、群馬県高崎市にある保渡田《ほどた》八幡塚古墳の形象埴輪群像は、亡き王にまつわるさまざまな物語を、複数の場面ごとに分けて表現したものと解釈されています。「王の物語」を人びとに見せることで、古墳に埋葬された王がどのような人物であったのか、その功績を示したかったのかもしれません。同時期の朝鮮半島では、高句麗広開土王《こうかいどおう》（好太王《こうたいおう》）碑のように、墓の周囲に石碑を立て、亡くなった王の功績を文字で記すこともありました。古墳時代の日本列島はまだ文字が普及していなかったので、埴輪によって功績を可視化した、ということも十分に考えられます。亡くなった王の事績を顕彰するという考え方は、朝鮮半島から伝わった新しい考え方です。

一方で、亡くなった王や王に従っていた人びとを安心させるため、という側面もあったのではないかと思います。伝統的な考えの延長で、亡くなった王が荒ぶる神となることを抑えようとしたのかもしれません。そのために、死者を再生する「モガリ」という儀式を人物埴輪などで再現し、〝見える〟場所に置くことで、「しっかりとモガリを済ませていますよ（供養をしていますよ）、だから安心してくださいね」と、亡くなった王や王に従っていた人びとにアピールしたのではないでしょうか。人物埴輪と動物埴輪は、見える場所に置かれることで人びとを安心させ、社会の安定を保障する役割を担っていたのかもしれません。

保渡田八幡塚古墳では、人びとに見せるかのように、前方後円墳の外側にある堤の上に形象埴輪群像が置かれました（写真はレプリカによる復元）

撮影：河野正訓（p. 49–51）

ヒミツ
10

はにわのドラマチック物語

両手を挙げる巫女

大阪府高槻市
今城塚《いましろづか》古墳出土
古墳時代・6世紀前半
高槻市立今城塚古代歴史館蔵

写真提供：高槻市立今城塚古代歴史館

両手を挙げる巫女

特別な服と装飾品を身にまとい、
祈りを捧げている

捧げものを持つ女子

巫女に従い、坏（つき＝食器）を持って
儀式のための飲食物を捧げている

今城塚古墳の「埴輪のステージ」

大王墓にふさわしく、日本列島で最大規模の埴輪群が置かれていました（写真はレプリカによる復元）　撮影：河野正訓

柵形《さくがた》埴輪

複数を組み合わせ、儀礼の各場面を区画するために用いられた

記載のあるもの以外の所蔵・写真提供は高槻市立今城塚古代歴史館（p. 53）

大阪府高槻市にある今城塚《いましろづか》古墳は、６世紀の継体大王（天皇）の墓であると考えられています。今城塚古墳は外濠と内濠の二重の濠《ほり》に囲まれていました。その内濠の堤の上に、精巧な形象埴輪が２００個以上も整然と配置されていました。まさしく〝埴輪のステージ〟です。

53ページの捧げものを持つ女性の埴輪列に注目してみてください。最前列に立つ女性だけ、ポーズも服装もほかの女性たちと異なります。両手をあげ、服には三角形の呪術的な文様が描かれています。首や足首は玉で飾っています。おそらくこの女性は巫女であり、祈りを捧げている風景の一瞬を表現したのでしょう。

つぎに、巫女の背後に立つ女性たちを見てみましょう。彼女たちは坏《つき》など食器を持っているので、儀式の最中、巫女に従って食べ物や飲み物を配るような役割を担っていることがわかります。

この今城塚古墳と同じような埴輪が、島根県の岩屋後《いわやあと》古墳から見つかっています（→55ページ）。頭の上の板状のものは結い上げた髪で、女性特有の髪型です。写真右の埴輪の胸にあるXの文様は三角形の文様が省略化されたもので、これが巫女であることがわかります。写真左の埴輪は、そのポーズが今城塚古墳の「捧げものを持つ女子」と共通することから、もともとは食器を持っていたのではないかと考えられます。

ここで重要なのは、両古墳は距離が離れているのにもかかわらず、同じようなポーズの埴輪が同じ組み合わせで見つかっていることです。これは、格の高い巫女が一人いて、食器を持つ女性がうしろに従うという「場面」が、埴輪生産の中心地である近畿地方から山陰地方へと伝播したことを示しています。

いま「場面」ということばを使いました。どうやら埴輪は、今城塚古墳と岩屋後古墳のように、地域のちがいを越えて共通した「場面」を再現しているということが、研究でわかってきています。

たとえば、馬形《うまがた》埴輪の前に片手をあげる男性の埴輪を置くことで、「人がウマをひいている」場面を表現しています。猪形《いのししがた》埴輪と犬形《いぬがた》埴輪、そしてやや離れたところに矢を射る人を置くことで、「狩猟」の場面を表現しているものもあります。このほか、太鼓など楽器を持つ人物埴輪によって「合奏」の場面を表現した

両手を前に出す女子

両手を挙げる女子

いずれも島根県松江市 岩屋後古墳出土／6世紀後半／東京国立博物館蔵

り、巫女と王とが対面して「王に関わる儀礼」を再現しているような場面もあったりします。こういった「場面」が、複数の古墳で共通して見られるのです。なお、古墳の規模に合わせて、場面の数や構成人数は増減します。

では、なんのために「場面」を表現しているのでしょうか？　これについては、ビックリするくらい研究者の意見が分かれています。比較的有力な説として、その古墳に埋葬された王の生前の事績を顕彰しているという説と、「モガリ」という死を確認するための一連の儀式（もしくは鎮魂の儀式）の様子を再現しているという説があります（↓ヒミツ9）。いずれの説を採用するかによって、「場面」の解釈も変わってきます。

たとえば、「狩猟」の場面の場合、顕彰説の立場では「生前の王がおこなった狩猟の風景を再現している」と解釈されます。一方、モガリ説では「エモノを死者へ捧げるために狩猟をする」ということになります。

ただし、この両説はあくまで現在有力視されている説というだけで、ほかにもさまざまな解釈が試みられています。みなさんは、埴輪群像を見て、どのような物語を思い浮かべますか？

イヌ
一見すると似ていますが
耳や目、口先など
きちんとつくり分けています
鈴のついた首輪
イノシシ

犬形《いぬがた》埴輪と重要文化財 猪形《いのししがた》埴輪

イヌとイノシシはセットで出土することがあります。２体を並ばせて、もしくは向かい合わせることで「狩猟」の場面を表現しています

群馬県伊勢崎市 剛志（ごうし、上武士）天神山古墳出土／6 世紀前半
東京国立博物館蔵

保渡田《ほどた》八幡塚古墳の埴輪群像

5世紀後半につくられた保渡田八幡塚古墳では、内堤に54体の形象埴輪群が置かれていました（群馬県高崎市、写真はレプリカによる復元）

保渡田八幡塚古墳の埴輪群像は「飲食儀礼」「狩猟」「鵜飼い」など、7つの場面を表現していると考えられています

王らしき人物と巫女が対面して、飲食をする場面です

「狩猟」の場面。 犬と矢をかまえた人物によりイノシシが挟み撃ちにあっています

撮影：河野正訓（p. 57）

ちょっとした
ヒミツ
11

はにわ？　土偶？

来館者からよく質問されるのが「土偶《どぐう》と埴輪って
ちがうのでしょうか？」というものです。埴輪＝人
物埴輪のイメージが強いため、同じ土でできた人形《ひとがた》
ということで、ダブってしまうのかもしれません。

土偶はいまから約1万年以上も前、縄文時代につくられました。土偶のおなかに注目すると、ふっくらしたものが多いことに気がつきます。これは妊娠した女性を表していると考えられ、土偶を出産に関わる道具とみる考え方は根強くあります。いま以上に出産で命をおとすことも多かったであろう時代だったので、無事の出産を祈るために、そしてさまざまな願いをこめて土偶はつくられたのでしょう。

一方、埴輪は、土偶がつくられた縄文時代からずっとあとの3世紀、古墳時代につくられはじめました。この頃、各地域にいた王は古墳を築造していました。その古墳の上に置かれたのが埴輪です。古墳時代後半には古墳を築造できる層が増えましたが、すべての人が古墳を築造できたわけではありません。つまり、古墳をつくる力のある人だけが、その墓（古墳）に埴輪を立てることができたのです。

また、大半の土偶が女性をかたどったのに対して、埴輪にはさまざまな種類があります。人物埴輪に限ってみても、男性もいれば女性もいる、職業も多岐にわたります。

つぎに大きさを比べてみましょう。現在までに見つかっている土偶の大半は片手で持つことができるサイズです。これに対し、埴輪は土偶よりも大きく、なかには人の背丈におよぶようなものもあります。この大きさのちがいは、両者の使われ方のちがいを示しているものと考えられます。ヒミツ9・10で、古墳を飾り、守り、物語を伝えるために埴輪を古墳に立てたと説明しましたが、土偶は日常生活のなかで願いをかなえるため、人が手で持って使う道具な

重要文化財 遮光器土偶
◇つくられた時代：縄文時代（晩期）
◇出土地：集落（青森県つがる市木造亀ヶ岡）
◇性別：ほとんど女性
◇性格：祈りの道具

埴輪 踊る人
◇つくられた時代：古墳時代（後期）
◇出土地：古墳（埼玉県熊谷市 野原古墳）
◇性別：男女さまざま、動物や器財などもある
◇性格：古墳を飾り、守り、物語を伝える

いずれも東京国立博物館蔵

のです。

また、土偶はわざと壊されたと思われる状態で出土する事例が目立つのも特徴です。壊すことで願いがかなうのではないか、と縄文人は思っていたのかもしれません。埴輪も壊れた状態で見つかることが多いのですが、それは古墳の上に立てられているあいだに風雨等によって壊れたからです（↓ヒミツ23）。わざと壊されたのかもしれない土偶とは事情がちがいます。

最後に出土地について考えてみましょう。例外的に工房で見つかることもありますが、多くの埴輪は、それが立てられていた（使われていた）古墳で見つかります。一方で土偶は、基本的には集落跡から出土します。出産のようにライフサイクルのなかで土偶が必要とされたからで、身近にあった祈りのための道具であったのです。

このように整理すると、土偶と埴輪とはまったくちがうものだとわかります。

ヒミツ
12

最初のはにわ？

はにわのルーツは
弥生時代の土器にあり

特殊器台《とくしゅきだい》・特殊壺《とくしゅつぼ》

岡山県新見市 西江遺跡出土
弥生時代・2~3 世紀
岡山県教育委員会蔵

写真提供：岡山県古代吉備文化財センター

ここまで読み進めてきて、最初の埴輪がどのようなものか気になっているのではないでしょうか。

みなさんは〝最初の埴輪〟とはどんなものだと思いますか？　左上の埴輪は、最初の埴輪のひとつである特殊《とくしゅ》器《き》台形《だいがた》埴輪です。弥生時代以来の土器（→60ページの特殊器台）から発展したものですが、この二つを見比べても、両者のちがいはわかりづらいかもしれません。事実、見た目だけでは、埴輪と埴輪のもととなった土器とのちがいはわかりづらいものなのです。

そこで、まず「そもそもなにをもって「埴輪」というのか？」ということについて考えてみましょう。

考古学は、人が使った「モノ」を手がかりに人間の過去を明らかにすることが目的です。そのカギのひとつとなるのが、モノが担った機能、つまりどのような目的でつくられ、使われたのかということです。埴輪でいえば、王の墓である古墳に立て並べるためにつくられたもので、実用的な道具ではありません。一方で埴輪には、古墳や王をめぐる祭祀・儀礼で実際に使われたモノが表現されています。埴輪は、いわば実際の道具の「模型」として供え並べることで、「祭祀や儀礼の場としての古墳」を整えたのです。そうであれば、実用性を保っているかどうか、が土器と埴輪の境目になるといえるでしょう。加えて、埴輪は古墳に立てられると二度と動かすことはありません。つまり、

特殊器台形埴輪
岡山県岡山市 都月坂（とつきざか）1号墳出土
3世紀後半／岡山大学考古学研究室蔵

持ち運びできないようなつくり――たとえば墳丘に埋めて固定するための円筒部をつけるなど――になることも「埴輪」としての重要な要素です。

最初の埴輪のひとつとして紹介した特殊器台形埴輪の祖型となったのは、弥生時代に吉備《きび》（現在の岡山県から広島県の東部）でつくられていた特殊器台とよばれる大型の土器です。わざわざ「特殊」とよぶのは、これらの土器が墓から見つかることが多いこと、ふだん使いの土器には見られない装飾文様がほどこされたり、赤く塗られていたりすることが理由です。また、「器台」という名のとおり、台座として壺をのせて、墓に供えていました。ちなみに壺は「特殊壺」というものですが、壺がのせられずに特殊器台だけが墓に供えられることもありました。

特殊器台は、弥生時代以来、土器としてつくられていた頃には安定して立てやすいように裾が張り出していましたが、やがて単に円筒形を呈するだけのものが現れます。研究者はこのちがいをもとに「特殊器台」（＝土器）と「特殊器台形埴輪」を分けています。

特殊器台形埴輪の円筒形の基部は、墳丘に固定する際に埋めやすくするため、簡素なつくりにしたと考えられます。つまり、持ち運びができる「土器」と古墳に固定する「埴輪」との区別が見られるのです。

ただし、特殊器台・特殊壺のように墓や祭祀に特化した土器はまれで、現在の近畿地方などでは、弥生時代以来、壺や甕などふだん使いの土器を墓へ供えていました。なかには、土器の底に孔《あな》をあけたものも見られます。これは土器を墓に供えるにあたり、「もう使わない」という意思を示したものと考えられます。

ここで重要なのが、いつ孔をあけたのか？　ということです。もし土器を焼いたあとにあけたのであれば（焼成後穿孔《せんこう》）、それまで使っていた土器にほどこすこともできますが、土器を焼く前にあけたのであれば（焼成前穿孔）、初めから孔があいているわけですから、物を入れたり料理に使ったりすることはできません。つまり、実用目的ではない土器としてつくられたということです。壺であれば、本来は中身（酒や清水など

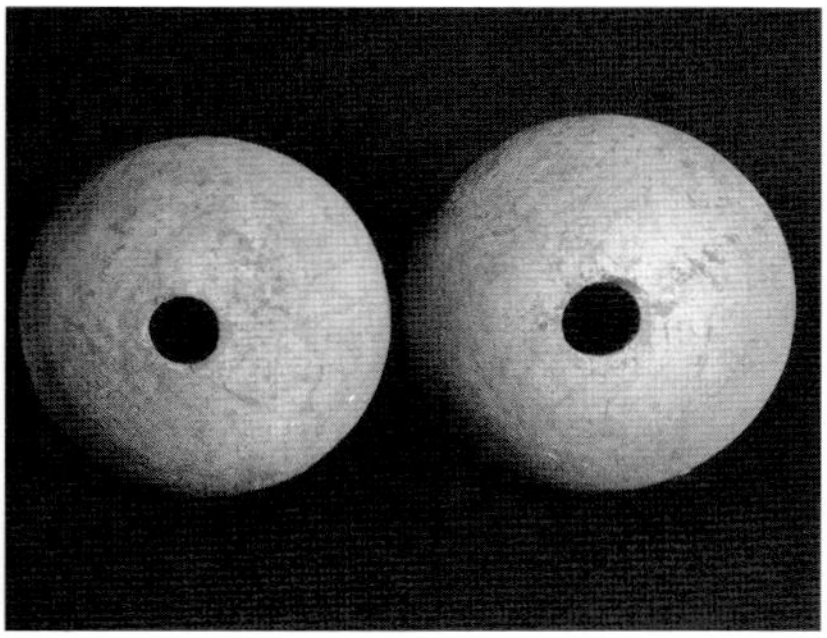

壺形埴輪

底部の孔（右）は焼成前にあけられたもので、初めから古墳に置くために「埴輪」としてつくられました

奈良県桜井市 桜井茶臼山古墳出土／3 世紀後半
奈良県立橿原考古学研究所附属博物館蔵
写真提供：奈良県立橿原考古学研究所附属博物館

か？）を供えることが目的だったはずが、かたちだけ残して墓への供えものとなったといえるでしょう。

焼成前穿孔をほどこした壺は、ちょうど前方後円墳が出現する時期に多くつくられるようになります。通常の土器とは異なり大型のものが多く、まさしく「壺形《つぼがた》埴輪」ということができるでしょう。

最初の超大型前方後円墳とされる箸墓《はしはか》古墳（奈良県桜井市）では、後円部のてっぺん（墳頂）に特殊器台形埴輪が、特殊壺形埴輪（特殊壺に焼成前穿孔をほどこしたもの）や特殊器台とともに置かれていました。一方、前方部では大型の壺形埴輪が使われていたことがわかっています。

こういった特殊器台形埴輪と壺形埴輪の共存の例はありますが、こののちメインストリームとなったのは特殊器台形埴輪から発展した円筒埴輪でした（→ヒミツ13）。壺形埴輪は、奈良盆地では4世紀後半頃までには大型古墳には並べられなくなります。ただし小型の古墳や地方の古墳では6世紀の初め頃まで残ることもありました。

ヒミツ
13

円筒埴輪の誕生——3世紀

これが最初期の
円筒埴輪
受け口状の
口縁部は
特殊器台形埴輪
(p. 61) の特徴を
受け継いだもの
底部は
残っていませんが
円筒形です

器台形《きだいがた》円筒埴輪

奈良県天理市 西殿塚古墳出土
古墳時代・3世紀後半
天理市教育委員会蔵
写真提供：天理市教育委員会

埴輪のはじまりは、巨大な前方後円墳がつくられるようになった3世紀後半にさかのぼります。特殊器台《とくしゅきだい》や壺など、弥生時代以来、墓に供えたり、祭祀に用いた土器が形を変え、特殊器台形埴輪《とくしゅきだいがた》や壺形埴輪《つぼがた》といった〝最初の埴輪〟が生まれました（→ヒミツ12）。そしていよいよ登場するのが「はにわといえば」の円筒埴輪です。

3世紀半ば〜後半に築造された最初の大王墓クラスの前方後円墳、箸墓《はしはか》古墳（奈良県桜井市）では、後円部のてっぺん（墳頂）に特殊器台形埴輪と特殊器台がまとまって置かれていました。一方で、つぎの大王墓である西殿塚古墳（奈良県天理市）では、初めて墳丘をとり囲むように多量の円筒埴輪が立てられました。ヒミツ1で紹介したように、墳丘をとり囲むように多量に立て並べる使い方が、この西殿塚古墳で初めて見られるようになるのです。ここで、本格的な円筒埴輪が登場したといってよいでしょう。

西殿塚古墳の円筒埴輪は、上端に段がついていることから「器台形《きだいがた》円筒埴輪」とよんでいます。この段は特殊器台形埴輪の特徴を受け継いだものです。器台形円筒埴輪は、メスリ山古墳（奈良県桜井市、8ページ）など、4世紀

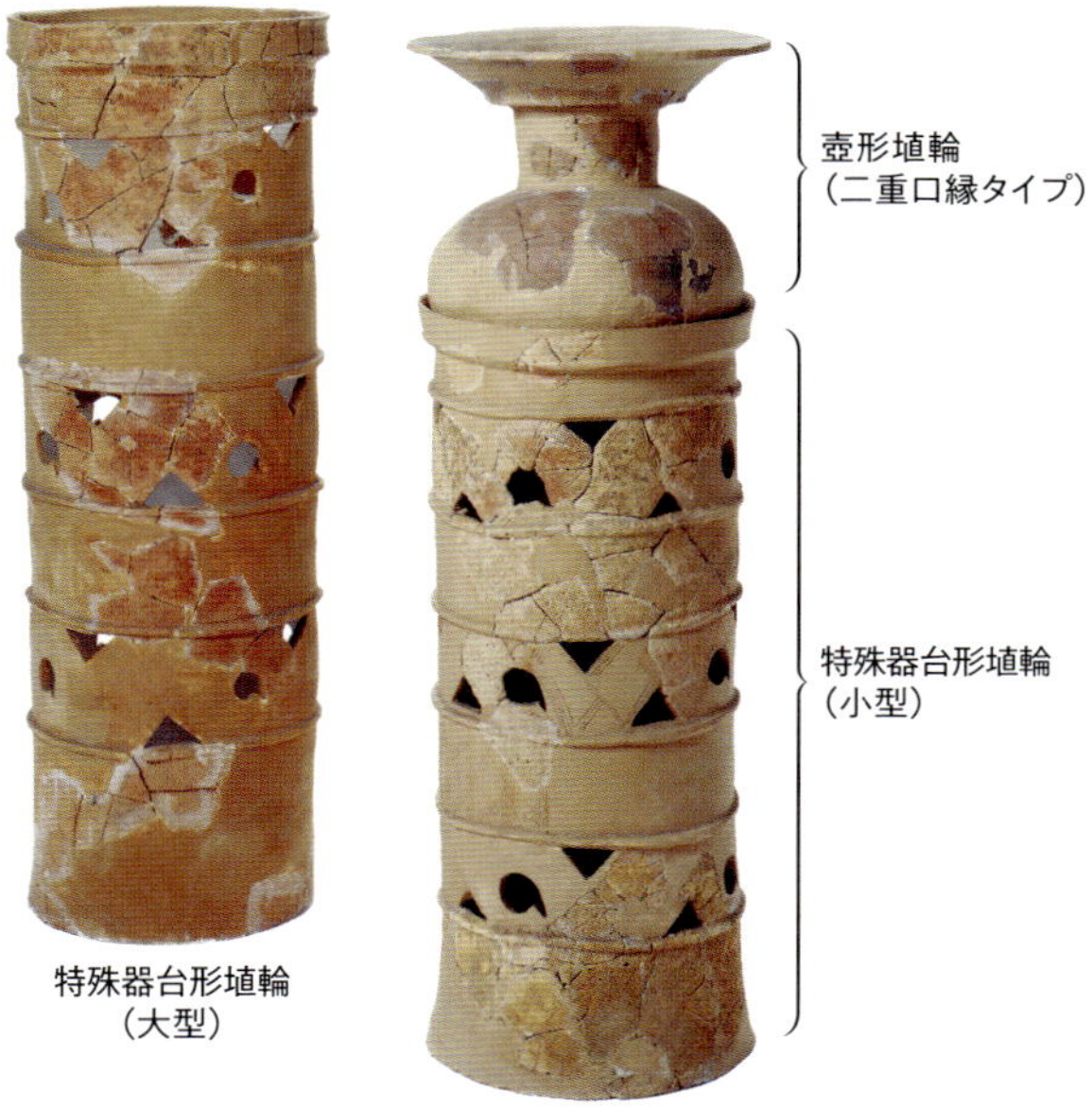

元稲荷古墳出土の特殊器台形埴輪

元稲荷古墳からは、大小の特殊器台形埴輪が出土しています。小型のものに壺形埴輪をのせると大型のものと高さが揃うようになっていたようです

京都府向日市 元稲荷古墳出土／3世紀後半／京都大学考古学研究室保管／写真提供：向日市文化資料館

頃まで奈良盆地を中心につくられました。

一方、西殿塚古墳と同じ頃か、少しあとにつくられた京都府向日《むこう》市の元稲荷古墳では、特殊器台形埴輪が見つかっています。ここでは、埴輪は古墳の墳頂の特定の区画にまとまって置かれていました。

このように（器台形）円筒埴輪と特殊器台形埴輪には、古墳をとり囲むように多量に並べるか、古墳の特定の場所に集中して配置するか、使用方法にちがいがありました。

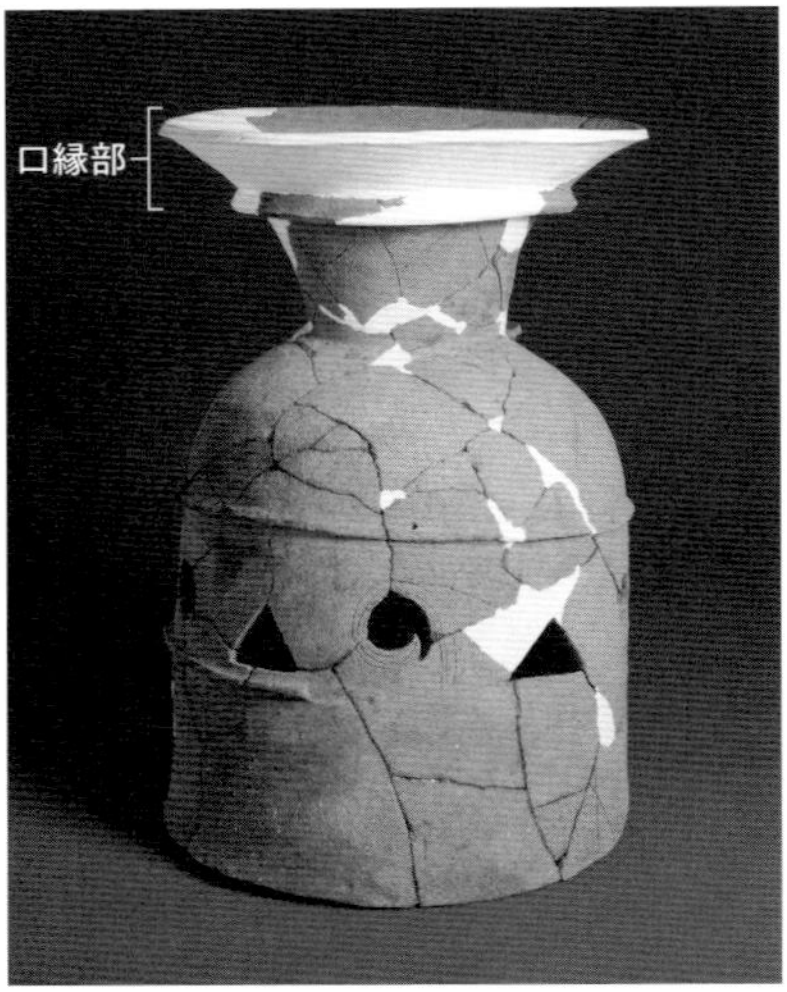

朝顔形埴輪

口縁部が二重口縁タイプの壺形埴輪（p. 65）と似ていることがわかります

奈良県天理市 東殿塚古墳出土／3~4 世紀
天理市教育委員会蔵／写真提供：天理市教育委員会

元稲荷古墳の特殊器台形埴輪のなかには、上に壺形埴輪をのせたものがありました（→65ページ）。壺は口の部分に段がある二重口縁タイプのもので、現在の近畿地方で多く見つかっています。二重口縁の壺形埴輪をのせた特殊器台形埴輪の姿は、朝顔形《あさがおがた》埴輪を彷彿とさせます。実際のところ、朝顔形埴輪はまさにこの姿をもとにしてつくられたと考えられています（東海地方の壺の流れをくんでいるという研究者も多いのですが、わたし（山本）は近畿地方の壺でも良いと考えています）。

奈良盆地の大型古墳では、西殿塚古墳のあとに東殿塚古墳（奈良県天理市）がつくられました。この古墳では朝顔形埴輪が見つかっています。最初期の朝顔形埴輪といえますが、特殊器台形埴輪がそうであったように、墳丘の特定の場所にまとめて置かれていました。このあと4世紀中頃になると、朝顔形埴輪と円筒埴輪は混ぜて墳丘に並べられるようになります。ただし、そのはじまり、とくに並べ方をみると、両者は同じ特殊器台形埴輪を下敷きとしつつも異なる脈絡のもとに誕生したものであることがわかるのです。

ここで注目しておきたいのは、埴輪の〝高さ〟です。たとえば元稲荷古墳では、大小の2種類の特殊器台形埴輪があり、小型のものに壺形埴輪をのせると大型のものと高さが揃うようにつくられていました（→65ページ）。この〝高さを揃える〟ということは、こののち埴輪を多量に並べていくうえで、さらに意識されていきます。4世紀には、一緒に並べる円筒埴輪の高さに合わせて、上下方向にのびたようなかたちの壺形埴輪が見られます（大阪府茨木市の将軍山古墳、愛知県犬山市の青塚古墳など）。また、円筒埴輪も、突帯《とったい》（樽のタガや竹の節のように一定間隔で貼りつけられた粘土紐）間の幅や口縁部、底部の高さが時期ごとに揃うことがわかっていて、規格化されていたと考えられます。こうして円筒埴輪は多量に並べられつつも、高さや規格を揃えることで調和のとれた古墳の景観をつくっていくのです。

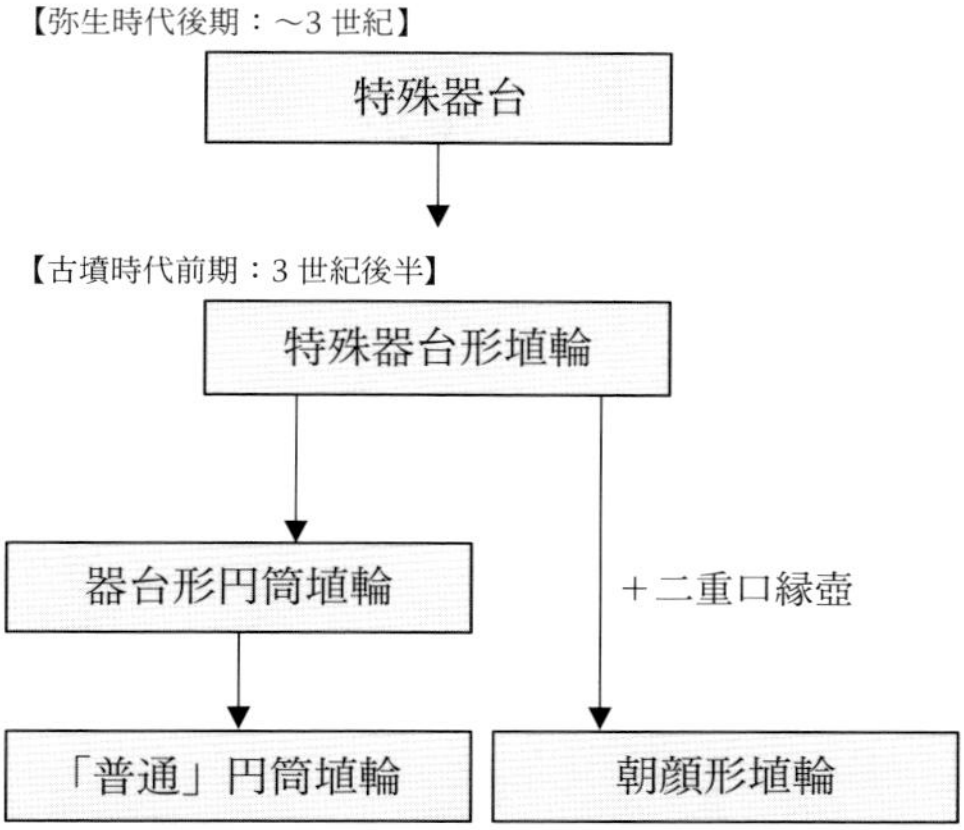

円筒埴輪の系統図
作成：山本亮

3世紀後半に畿内《きない》地域（現在の奈良県や大阪府を中心とする地域）で成立した円筒埴輪は、遅くとも4世紀の後半には西日本では九州まで、東日本では北関東までの広い地域の古墳で見られるようになります。

しかし、畿内地域を含めてすべての古墳で埴輪を立てるようになるわけではありません。そもそも古墳時代の特徴は、畿内地域のヤマト王権によってつくられた前方後円墳（大王墓）を頂点として、古墳の形と大きさによって地域どうしの社会関係が表現されることです。埴輪も、ヤマト王権との関係の近さや地域内外との力関係によって、立てたり、立てられなかったりしていたようです。

ヒミツ
14

家とニワトリの創出——4世紀

王の魂の居場所

ヒレ状の飾り
屋根のヒレ状の飾りや
中央柱には特別な盾を立てるなど
格の高い建物であることが
わかります

重要文化財　家形埴輪《いえがた》

大阪府八尾市　美園古墳出土

古墳時代・4世紀後半

文化庁蔵（大阪府立近つ飛鳥博物館保管）

写真提供：大阪府立近つ飛鳥博物館（撮影：片山彰一）

王の魂から邪を避ける

初期の鶏形埴輪の事例。
頬の肉だれや尾羽など
写実的な表現が
初期から見られることが
わかります

鶏形《にわとりがた》埴輪

奈良県桜井市 纒向《まきむく》遺跡出土
古墳時代・4世紀前半
桜井市教育委員会蔵
写真提供：桜井市教育委員会

弥生時代の集落跡から出土した
ニワトリを模した土製品

重要文化財／奈良県田原本町 唐古（からこ）・鍵遺跡出土／弥生時代後期・2世紀／田原本町教育委員会蔵／写真提供：田原本町教育委員会

4世紀の前半になると、本格的な形象埴輪が登場するようになります。それまでは円筒埴輪がメインで、そのほかには壺や高杯《たかつき》などの食器形の埴輪があるくらいでした。

この時期の形象埴輪には、ニワトリ、蓋《きぬがさ》や盾、靫《ゆぎ》、冠帽《かんぼう》などがあります。なかでも早くからつくられはじめたのが、家とニワトリです。ともに、古い事例が京都府向日《むこう》市の寺戸大塚古墳や京都府木津川市の平尾城山古墳から出土しています。弥生時代にも家やニワトリを表現した土器や土製品がまれに見られるため、古墳時代以前から祭祀の場で重要な役割を担ったものだったようです。

つくられはじめた頃の家形《いえがた》埴輪は、現在までのところ破片しか見つかっていないため、全体の形を知ることはできません。ただし、その破片を見ると全体的に薄くていねいなつくりであることがわかります。こうした特徴は、より新しい時代の埴輪——粗い土を使ったぶ厚いつくりの埴輪——と比べると、まだ土器っぽさを残しているといえます。

家形埴輪は、初めは数個が後円部のてっぺん（墳頂）に置かれただけだったようです。家形埴輪にはいくつかの種類がありますが（→ヒミツ2）、初めから複数の種類を組み合わせたのか、それとも1種類だけだったのか、くわしいことはわかっていません。

4世紀後半以降には、多くの種類の家形埴輪が並べられるようになります。たとえば、5世紀前半の赤堀茶臼山古墳（群馬県伊勢崎市）では、後円部の墳頂に複数の家形埴輪などが配置されていました。どのように配置されたかは諸説ありますが、屋根に鰹木《かつおぎ》をのせた、この古墳のなかで最も大きい家形埴輪が中心となることは意見が一致しています。

赤堀茶臼山古墳出土の家形埴輪
後円部には複数の家形埴輪が配置されていたようですが、その中心に置かれたのがこの埴輪です
群馬県伊勢崎市　赤堀茶臼山古墳出土／5世紀前半／東京国立博物館蔵

鶏形《にわとりがた》埴輪は家形埴輪とともに最初に出現した形象埴輪であり、動物埴輪としても最初に登場しました。

鶏形埴輪は雌雄のつがいでつくられることが多く、トサカや頬の肉だれ（肉髯《にくぜん》）が写実的に表現されていることが特徴です。脚は止まり木をつかんだように表現されるものもあります。このように初期の形象埴輪はのちの〝ユルさ〟とは反対の、精巧さを志向している点が特徴といえるかもしれません。

家形埴輪も鶏形埴輪も、出現当初は後円部の墳頂に置かれていました。それが、4世紀末頃になると、墳丘の各所やクビレ部（前方後円墳の前方部と後円部の境付近のこと）に設けられた祭壇状の「造出《つくりだし》」とよばれる施設など、置かれる場所が増えていきます。これは古墳の大型化に合わせて、祭祀の場所が古墳の周囲で祭祀に参加する人びとに近い場所へとしだいに降りてきたことを示すのでしょう。また、祭祀の場所の多様化により、たとえば周濠《しゅうごう》に近い場所には水鳥形《みずどりがた》埴輪や船形《ふながた》埴輪のような水に関わる埴輪が置かれるなど、形象埴輪は順にその数と種類を増やしていくのです（ただし、周濠に実際に水が張られていたかは議論があります）。

円筒埴輪が4世紀には各地に広まりはじめたのに対して、形象埴輪の普及はやや遅れました。西日本と東日本の広い地域で形象埴輪が見られるようになるのは、5世紀前半を待たなければなりません。

ヒミツ
15

はにわ界の革命――5世紀

動物も！人物も!!
“ザ・はにわ”が
次々登場

同じ四條畷市内の
蔀屋北《しとみやきた》遺跡では
馬飼いが
おこなわれていました

馬形《うまがた》埴輪

大阪府四條畷市 南山下《みなみさげ》遺跡出土

古墳時代・5世紀前半

四條畷市教育委員会・四條畷市立歴史民俗資料館蔵

写真提供：四條畷市教育委員会／市指定有形文化財

5世紀になると、いよいよ人物埴輪が登場します。動物埴輪も、ウマやイヌといった現代のわたしたちにもなじみ深いモチーフの埴輪が多く見られるようになります。

5世紀は、古墳時代のなかでもエポックとなる時期です。中国の王朝や朝鮮半島からの文化の影響が色濃くなり、とくに4世紀末頃から始まる須恵器《すえき》の導入や乗馬の風習などは、埴輪にも大きな影響を与えました。

須恵器をつくるためには窯の存在が不可欠です。5世紀前半には、埴輪づくりでも窯が使われるようになりました。この頃の窯は窖窯《あながま》です。それまでの覆《おお》い野焼きでは、炭素が吸着した黒色のまだら状の部分（黒《こく》斑《はん》）が見られたのが、窖窯で焼くと火の回りが良いため黒斑が見られなくなります。こうした窯の利点は、大型の埴輪や大量生産に向いていました。

野焼きで大型の埴輪を焼くことがいかに難しいか、例として4世紀の大園遺跡（大阪府高石市）をみてみましょう。ここでは野焼きで埴輪を生産し、大型の前方後円墳である摩湯山《まゆやま》古墳（大阪府岸和田市）や周辺の古墳に埴輪を供給していました。大園遺跡からは多量の埴輪の失敗品が出土しましたが、そのなかに衝立《ついたて》形《がた》埴輪とよばれる大型の埴輪があります。衝立形埴輪は、古墳に置かれたのは多くても数個程度であったと考えられますが、大園遺跡からはじつに10個体を上回る（！）失敗品が出土しました。周辺の古墳では限られた数しか見つかっておらず、それほど多くの衝立形埴輪が必要とされたとは考えづらいものです。つまり、大園遺跡をはじめとする4世紀の野焼き生産では、長らく失敗を重ね、大変な苦労のすえに大型の

盾持人《たてもちびと》

人物を表現した埴輪として、現在知られているなかで最も古い事例です

奈良県桜井市 茅原大墓（ちはらおおはか）古墳出土
5世紀前半／桜井市教育委員会蔵
写真提供：桜井市教育委員会

埴輪をつくっていたことが推察されるのです。
5世紀に話を戻しましょう。いよいよ古墳の大型化がそのピークを迎えます。古墳が大きければ、そこに立てる埴輪も増えます。日本列島最大規模の前方後円墳である大仙陵古墳（仁徳天皇陵古墳、大阪府堺市）では、全長500mにおよぶ墳丘のほか、幾重にもめぐる堤の上にも埴輪が立てられ、古墳全体でじつに3万本ほどの円筒埴輪が並べられたと考えられています。窖窯で大量生産された埴輪が並べられたのです。

つぎに、ウマについてみていくことにしましょう。5世紀に入って日本列島に伝わった乗馬の風習はしだいに広まり、現在の大阪や長野、群馬などの各地でウマが育てられるようになりました。とはいえまだまだ珍しい動物であったことには変わりなく、ウマは王のステータスシンボルとなり、きらびやかな馬具が古墳の副葬品にとりいれられていきます。こうした流れのなか、馬形《うまがた》埴輪も間を置かずに登場します。

ここで馬形埴輪に関する『日本書紀』「雄略紀」の記事を紹介しましょう。

ある日、田辺史《ふひと》伯孫という人が「誉田《ほんだ》の陵《みささぎ》」の付近を馬に乗って通りがかったところ、立派な馬に乗った人物と出会います。伯孫は馬を交換してもらい、よろこんで帰りました。ところが翌朝、交換してもらった馬は「土馬」になっていて、もとの自分の馬は土馬に混じって誉田の陵につながれていた、というものです。

「誉田の陵」とは、誉田御廟山《こんだごびょうやま》古墳（応神天皇陵古墳、大阪府羽曳野《はびきの》市）のことで、「土馬」は埴輪の馬

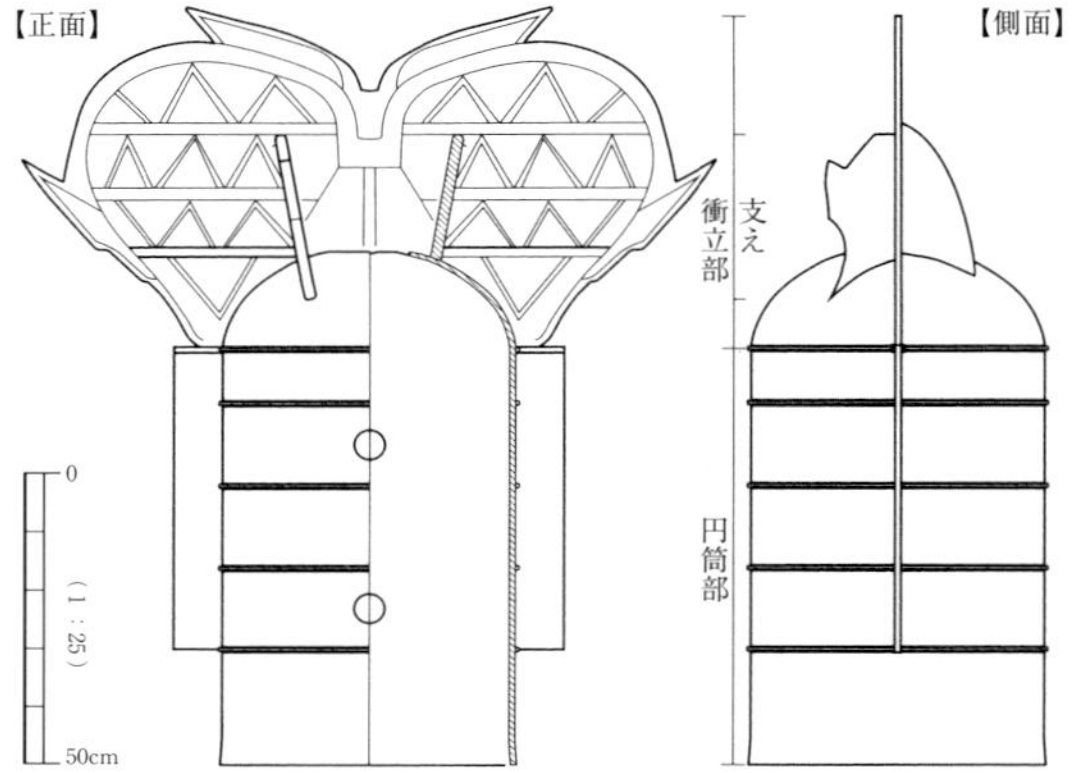

大園遺跡出土の衝立形埴輪復元図

高さ1mを超える大型の埴輪。あまりに失敗を重ねたためか、より新しい津堂城山古墳では上下に分割してつくられるようになりました

出典：三木弘・三好玄ほか「和泉地域における古墳時代前期の埴輪生産」図11『大阪府立近つ飛鳥博物館館報18』

を指します。誉田御廟山古墳は5世紀前半の築造と考えられ、ちょうど馬形埴輪が出現したのと同じ頃です。もしかしたら築造当時、誉田御廟山古墳では馬形埴輪が目立つ場所に置かれていて、そのためにこうした伝承が生まれたのかもしれません。

新しい種類の埴輪は、大王墓のような大型古墳から広まったとされることも多く、馬形埴輪も例に漏れない可能性があります。ただし、誉田御廟山古墳の埴輪についてはわからないことが多いため、馬形埴輪が同古墳から広まったかどうかは、現時点ではまだ十分な証拠はありません。

馬形埴輪と同じ頃に出現するのが猪形《いのししがた》埴輪です。イノシシは、王の狩猟のエモノとして埴輪になったと考えられます。王のステータスシンボルである馬形埴輪と、王の狩猟の対象である猪形埴輪が揃って出現する——これは埴輪に表現されるものが、（ニワトリや水鳥を除けば）王の身のまわりの道具など静的なものが主体だったのが、王のふだんの活動をふくむ動的なものが多く見られるようになったといえます。より物語性を帯びてきた、ともいえるでしょう。

かたや人物埴輪が多くつくられるようになるのは、5世紀前半でも新しい時期のこと。古墳時代も後半になろうかという頃になってようやく登場します。

最初につくられたのは盾持人《たてもちびと》で、盾形埴輪の上に人物の頭をのせたシンプルな造形でした（→73ページ）。ついで、5世紀半ばにつくられた大仙陵古墳には、巫女とみられる女性の埴輪があることが知られています（→23ページ）。この埴輪は頭しか残っていませんが、巫女は基本的に上半身もしくは全身が表現されます。このように5世紀半ばには頭だけでなく身体をふくめた人物埴輪がつくられていました。

そして、5世紀後半に入って間もなく、多くの人物埴輪が、ほかの埴輪とともに「埴輪群像」として古墳をめぐる堤の上に置かれるようになるのです。

ヒミツ
16

東日本のはにわブーム——6世紀

重要文化財
天冠をつけた男子

福島県いわき市
神谷作《かみやさく》 101 号墳出土
古墳時代・6世紀前半
福島県蔵
写真提供：いわき市教育委員会

ムササビ形埴輪

滑空する姿を表現しています。ムササビの埴輪は現在までに日本列島内でこの1例しか見つかっていません

千葉県成田市 南羽鳥正福寺１号墳出土／6世紀前半
成田市教育委員会蔵
写真提供：成田市教育委員会

子を背負う女子

女性の埴輪は巫女など特別な職掌のものが多いなか、頭に壺をのせ水を運ぶ女性の日常的な姿を表したこの埴輪は例外的といえます

栃木県真岡(もおか)市 鶏塚古墳出土
6世紀後半／東京国立博物館蔵

バラエティにとんだ東日本のはにわ

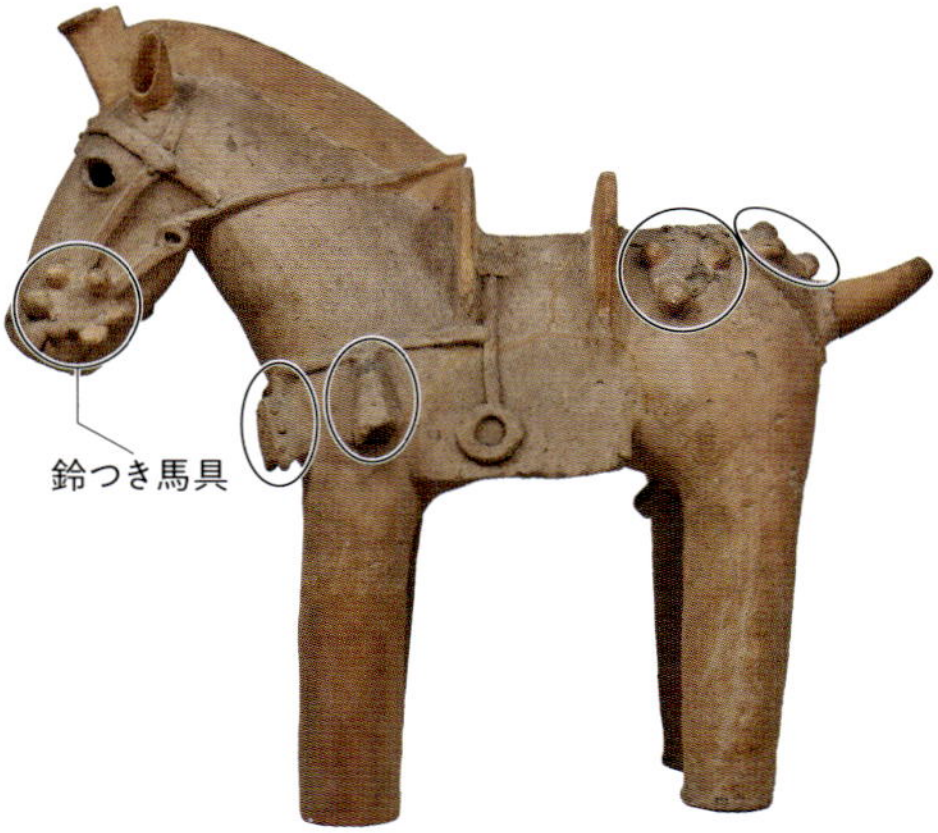

重要文化財 馬形埴輪《うまがた》

関東地方で出土する馬形埴輪は鈴つきの馬具をつけている例が多く見られます

埼玉県熊谷市上中条出土／6世紀前半／東京国立博物館蔵

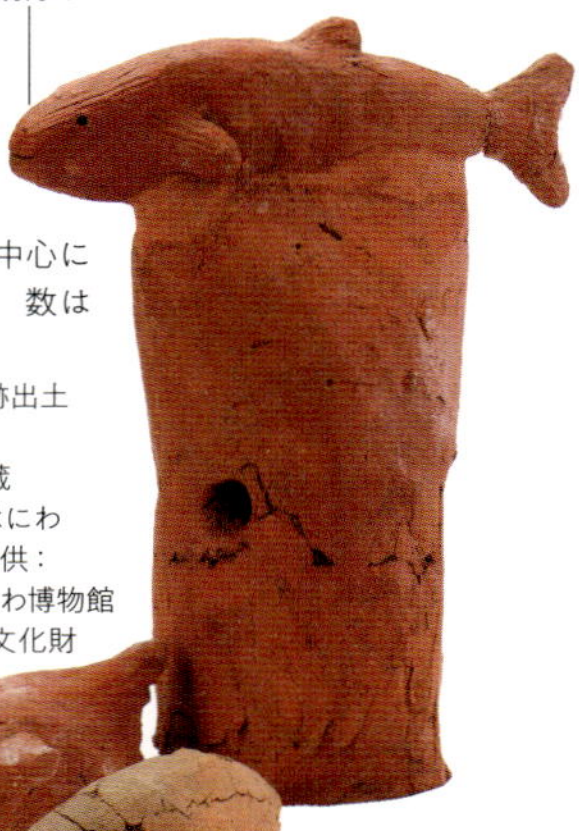

魚形《うおがた》埴輪

魚の埴輪は千葉県を中心に見つかっていますが、数は少なく大変貴重です

千葉県芝山町 白桝遺跡出土
6世紀
芝山仁王尊 観音教寺蔵
（芝山町立芝山古墳・はにわ博物館保管）／写真提供：芝山町立芝山古墳・はにわ博物館
撮影：中村一郎（奈良文化財研究所）

6世紀に入ると、小さな古墳、とりわけ円墳がたくさん集まって群をなす群集墳が各地でつくられるようになります。これまで古墳をつくることができなかった下位の人びとにまで古墳造営が広がるのです。古墳が増えれば、埴輪もたくさんつくられるようになります。とくに東日本では、この時期、西日本よりも盛んに埴輪がつくられ、なかでも関東地方では埴輪ブームともいえる現象が起こります。

それまで関東の埴輪は、大王墓があり文化の中心でもある畿内《きない》地域（現在の大阪府・奈良県を中心とする地域）の埴輪と比べると、技術的にも造形的にも劣っているものが多かったのですが、埴輪をたくさんつくることで、埴輪づくりの職人（工人《こうじん》）の腕が磨かれていきました。その結果、すぐれた出来映えの人物埴輪や動物埴輪がつくられるようになります。これらは、衣装や装身具などが派手で凝っていて、赤を中心に彩色豊かという特徴があります（その最たる例が東京国立博物館所蔵の国宝「挂甲《けいこう》の武人」だと思います）。

畿内地域でも、6世紀前半までは盛んに埴輪をつくっていたようです。事実、すぐれた埴輪群像が出土している今城塚《いましろづか》古墳（大阪府高槻市）は6世紀前半に築造されました。しかし、6世紀後半に入ると畿内地域では古墳にかわる新しい統治システムとして仏教が浸透しはじめ、前方後円墳づくりは廃止されます。円墳や方墳などは築造されていたものの、埴輪は前方後円墳の動向と連動してつくられる傾向があります。そのため、前方後円墳づくりが畿内地域で下火となる6世紀後半には、埴輪づくりは衰退してしまうのです。

一方、東日本では、6世紀後半に入っても前方後円墳を盛んにつくりつづけます。畿内地域で埴輪がつくられなくなったこの時期、その埴輪文化の影響がおよばなくなり、東日本各地ではユニークな埴輪をつくるようになりました（→ヒミツ21）。「子を背負う女子」、鍬《くわ》を担《かつ》ぐ男子、魚など、いずれも畿内地域にはない種類の埴輪です。

また、5世紀に馬形《うまがた》埴輪が登場して以来、もっとも盛んにつくられたのが群馬県を中心とする6世紀の関東地方です。これは、この時期に東日本各地で馬の生産が活発になったことを反映してのことでしょう。同

挂甲の武人（部分）　いずれも6世紀前半のもの。上芝古墳の抜刀スタイルに今城塚古墳の影響がまだ見てとれます
（右）群馬県高崎市　上芝（かみしば）古墳出土／東京国立博物館蔵
（左）大阪府高槻市　今城塚（いましろづか）古墳出土／高槻市立今城塚古代歴史館蔵／写真提供：高槻市立今城塚古代歴史館

様に、大刀《たち》や盾などの武器・武具の埴輪も盛んにつくられました。当時の関東地方には、武器をもち武具を身につけて馬をのりこなす挂甲《けいこう》の武人のような人物が比較的多くいたのでしょう（→ヒミツ25）。

こんなにも隆盛を極めた東日本の埴輪ですが、7世紀に入るとついに姿を消します。

7世紀は東アジアの激動の時代です。中国では唐が興り、強力な中央集権国家を築きます。朝鮮半島では、唐と新羅の連合軍によって百済が滅亡し、その後高句麗も滅ぼされ、統一が果たされます。日本列島でも大王中心の権力体制を構築する動きが強まり、社会変革が起こります。その変革は、やがて法や官僚が国家を支配する律令《りつりょう》国家へとつながっていくのです。

社会を変えるためには、どうしても前方後円墳や埴輪など古い秩序が支配する世界観のままでいるよりも、仏教のように新しい秩序を導入したほうが、変化を受け入れやすい側面があるのです。明治時代に入って、新政府が古い秩序＝江戸幕府の象徴であった城をとり壊し、新たに県庁を設置したことと似ています。

ちょっとしたヒミツ
17

殉葬と相撲とはにわ

『日本書紀』には、つぎのような記事があります。第11代垂仁《すいにん》天皇の時代、天皇は弟の墓に殉葬《じゅんそう》された人びとの声が聞こえるために気を病んでしまいました。のちに皇后の葬儀にあたり、野見宿禰《のみのすくね》という人物の意見により、殉葬のかわりに墓に埴輪を立て並べることとしました。野見宿禰は、この功績により土師臣《はじのおみ》の姓《かばね》を賜りました。

土師氏はこうした葬祭を司った古代の豪族でした。この記事は、土師氏のはじまりとともに埴輪のはじまりを伝えるものです。

「殉葬」とは現代では聞きなれない言葉ですが、貴い人が無くなった際に、近しい家来など周囲の位の低い人びとをあわせて葬ることです。そのため「殉葬者のかわりに埴輪を並べた」というと人物埴輪を想起します。しかし、ヒミツ12・13でとりあげたように、実際には最初に登場した埴輪は円筒埴輪や壺形《つぼがた》埴輪です。人物埴輪が初めて出現するのは、形象埴輪のなかでも比較的遅く5世紀前半のことであり、垂仁天皇陵とされる宝来山古墳（奈良市）よりも少し遅い時期のことです。

このように『日本書紀』の記述と、埴輪について考古学によって現在わかっていることとは、一致しないことがわかります。そもそも埴輪の登場以前に殉葬があったことを示すはっきりとした証拠も、現在までのところ見つかってはいません。

ただし、早くに登場した円筒埴輪や器財《きざい》埴輪のことを説明していないからといって、こうした説話がまったくのつくり話かというと、なお検討が必要だと思います。

たとえば、あたかも「殉葬」のように、埴輪が古墳に葬られた王とともにあの世へと送り出されるものであったとしたらどうでしょう？　日本の古墳の特徴として、埋葬が終わるとその後は手つかずとなり、自然に荒れるにまかせるということがあります。埴輪も基本的には素焼きの土製品ですから、早くに壊れたことは想像に難くありません（↓ヒミツ23）。王の墓がまったく手つかずというのは、中国や古代エジプトの王朝と異なる点です。その理由は、王の埋葬が終わる、すなわち葬られた王があの世へと旅立つとともに、古墳や埴輪も王に殉じてこの世での役割を終えるからなのかもしれません。

円筒埴輪や器財埴輪にみる埴輪の当初の役割は、古墳を飾るとともに悪いものから守ることと考えられます。一方、あとから出現した人物埴輪や動物埴輪の役割は、盾持人《たてもちびと》のような魔除けに加え、祭祀や生活など、王の身のまわりの「場面」の表現をふくみます。王の生活があの世でもつづくように、あるいは亡き王への弔いの気持ちから、王の身のまわりの人や物を埴輪として墓（古墳）に供えたとも受け取れます。

このように、あとからつけ加わった埴輪の役割が、のちの時代に「殉葬」というかたちで説話になったと考えることもできます。

こうした考えの確固たる証拠を示すのは難しいことも多いのですが、『日本書紀』の説話は埴輪の意味について考えるきっかけを与えてくれます。

なお、土師氏の祖とされる野見宿禰は、『日本書紀』に収められた当麻《たぎまの》蹴速《けはや》という人物と相撲をとったという伝承にも登場します。

現在の相撲は江戸時代から近代にかけてしだいに制度が整備されたものですが、古墳時代にも力士がいたことが埴輪からわかります。

盾持人
奈良県桜井市 茅原大墓（ちはらおおはか）
古墳出土／5世紀前半／桜井市教育委員会蔵
写真提供：桜井市教育委員会

力士

片手をあげる所作が現代の力士の姿と重なります

大阪府高槻市 今城塚(いましろづか)古墳出土
6世紀前半/高槻市立今城塚古代歴史館蔵
写真提供:高槻市立今城塚古代歴史館

力士

片手をあげ、四股を踏もうとする様子を表現しています

神奈川県厚木市 登山(どうやま)1号墳出土/6世紀後半
厚木市蔵/写真提供:厚木市

力士の埴輪のなかには、大柄の男性が褌《ふんどし》をしめ、片手をあげる姿——四股《しこ》を踏んでいるものもあります。現代の相撲でも四股を踏みますが、これは地面の邪をはらうための所作として重視されています。古墳時代にも、古墳や土地を悪いものから守る儀礼を力士がおこなっていたのかもしれません。

古墳をつくる際にも、土師氏により、こうしたお祓いのような儀礼がおこなわれたことでしょう。古墳の葬祭を司った土師氏が力士の元祖でもあったというのは、現在における「神事としての相撲」という性格につながっているのです。

野見宿禰の伝承や力士の埴輪の存在は、土師氏が古墳づくりをはじめとする葬祭で果たした役割を、いまに伝えています。

III

はにわ
の
つくり方

ヒミツ
18

はにわ職人と工房

家形《いえがた》埴輪

大阪府高槻市 今城塚《いましろづか》古墳出土

古墳時代・6 世紀前半

高槻市立今城塚古代歴史館蔵

写真提供：高槻市立今城塚古代歴史館

古墳時代前期にあたる3世紀半ば頃、日本列島で埴輪がつくられはじめます。では、埴輪はどのような人がつくったのでしょうか。

右の埴輪は、今城塚《いましろづか》古墳（大阪府高槻市）の埴輪です。今城塚古墳は6世紀前半につくられた前方後円墳で、継体大王（天皇）の墓であると考えられています。この古墳には、円筒埴輪だけでもおよそ６０００本以上も立てられていたと推測されますが、形象埴輪もふくめてこちらの埴輪をつくった場所がわかっています。それが、大阪府高槻市にある新池《しんいけ》埴輪製作遺跡です。遺跡からは、埴輪を焼いた窯のほか工房や工人《こうじん》（埴輪づくりの職人）の住居などが見つかっています。このような埴輪を製作していた遺跡は全国で数十遺跡が見つかっており、３００以上の窯が発見されています。そのなかでも、大王の古墳に立てるための埴輪を製作していたことが具体的に明らかになったのが、新池埴輪製作遺跡であり、貴重な事例です。

新池埴輪製作遺跡では、発掘調査時の窯の様子（左）とともに、古墳時代当時を復元した窯（右）が見学できます　撮影：河野正訓

新池埴輪製作遺跡では、窖窯《あながま》で埴輪を焼いていましたが、埴輪づくりに窯が用いられるようになるのは5世紀のこと。まずは、窖窯登場にいたるまでの埴輪づくりについて、みておきましょう。

古墳時代のうち6世紀前半までは、埴輪づくりは畿内《きない》地域（現在の大阪府・奈良県を中心とする地域）の大王墓の埴輪をつくるために集められた工人がリードしていました。彼ら畿内地域の工人に教えてもらうかたちで、ほぼ時間差なく地方にも埴輪づくりが伝わります。

地方の埴輪を見ると、同じ古墳の埴輪でも、畿内地域の技術を用いてつくられた埴輪がある一方で、それとは異なる技術――たとえば地元の土器づくりの技術など――でつくられたものもあります。畿内地域の技術が用いられた埴輪のほうが、出来映えが良く複雑な形をしています。一方で、畿内地域の技術とは異なる技術でつくられた埴輪は、出来映えがさほど良くはありません。しかも、単純な形の円筒埴輪をメインに、大量につくっています。

古墳をつくるとなると大量の埴輪が必要となります。おそらく畿内地域の専門的な技術をもった工人だけでは、まかないきれなかったのでしょう。そのため、ふだん農作業や土器づくりをしている人が臨時的に招集され、専門的な技術をもつ工人に教えてもらいながら、円筒埴輪など比較的つくりやすい埴輪の製作をおこなっていたようです。

新池埴輪製作遺跡でみつかった埴輪の工房を復元した建物。130㎡という広い工房でした　撮影：河野正訓

5世紀前半までは、覆《おお》い野焼きという方法で埴輪はつくられていました。覆い野焼きとは、タキギの上に粘土で成形した埴輪を並べて小枝やワラで覆い、さらにその上に粘土をかぶせて蒸し焼きにする方法です。この野焼きをすると、火の回りが悪い部分に炭素が吸着して埴輪に黒いまだら模様（黒斑《こくはん》）がつくのが特徴です。野焼きは、どこでも埴輪づくりができるという利点がありましたが、あくまで臨時的なものです。ひとつの古墳の埴輪づくりを終えたら、それでおしまいで、継続性がありません。そのため、埴輪には古墳ごとに個性が見られます。

5世紀前半には、窯で焼かれた埴輪も登場します。これは、5世紀頃に朝鮮半島南部より伝わった須恵器《すえき》の製作技法を応用したものです。ねずみ色で硬質の須恵器は、窯を使って高温で焼き上げます。この須恵器づくりの窯で、埴輪も焼くようになったのです。

窯は斜面に溝を掘り、その溝を粘土でドーム状に覆っているので、「窖窯」とよばれています。窖窯で焼くと、黒斑がつきません。そのため、黒斑の有無は、埴輪の時期を見極めるひとつのポイントになっています。また、焼きむらが少なく、窖窯による埴輪づくりは大量生産に向いていました。

窯は何度も使用することができます。そのため、複数の古墳の埴輪を一つの窯で担うこともありました。結果として、埴輪に規格性が見られるような地域——つまり、同じような埴輪が広がった地域も出現しました。

なお、窯を維持するためには、大量の燃料が必要になります。そのため、窯の近くには良好な森林がないといけません。新池埴輪製作遺跡周辺は、埴輪を製作する以前は、シイやカシなど常緑樹の豊かな森がありました。この森があったからこそ、5世紀中頃〜6世紀中頃までおよそ100年ものあいだ、埴輪生産をつづけることができたのです。しかし、埴輪を焼くための燃料確保のために森林伐採が進み、周辺は荒れ地となり、鉄砲水が発生していたようです。埴輪づくりが終焉を迎えたあと、再び森は復活しましたが、大木が減ったためコラナやアカマツといった日当たりの良いところに育つ、落葉樹の森に変貌しています。このように埴輪生産は環境破壊にも結びつき、植生を変えるほど影響の大きいものでした。

そこまでして生産をつづけた新池埴輪製作遺跡では、今城塚古墳のほかにも、太田茶臼山古墳（大阪府茨木市）など、淀川右岸の三島地域の古墳に埴輪を供給しつづけました。

野焼きでついた黒斑（円筒埴輪）
島根県安来市 造山1号墳出土／4 世紀前半
東京国立博物館蔵

ヒミツ 19

はにわ職人の腕前

はにわにも
うまい・ヘタが
ある?!

できあがりはイマイチ。
鉄製短甲を
見たことがない工人が
つくったものでしょう

甲冑形《かっちゅうがた》埴輪

宮城県名取市
経《きょう》の塚《づか》古墳出土
古墳時代・5世紀
東京国立博物館蔵

鉄製短甲《たんこう》
福井県永平寺町
二本松山古墳出土
5世紀
東京国立博物館蔵

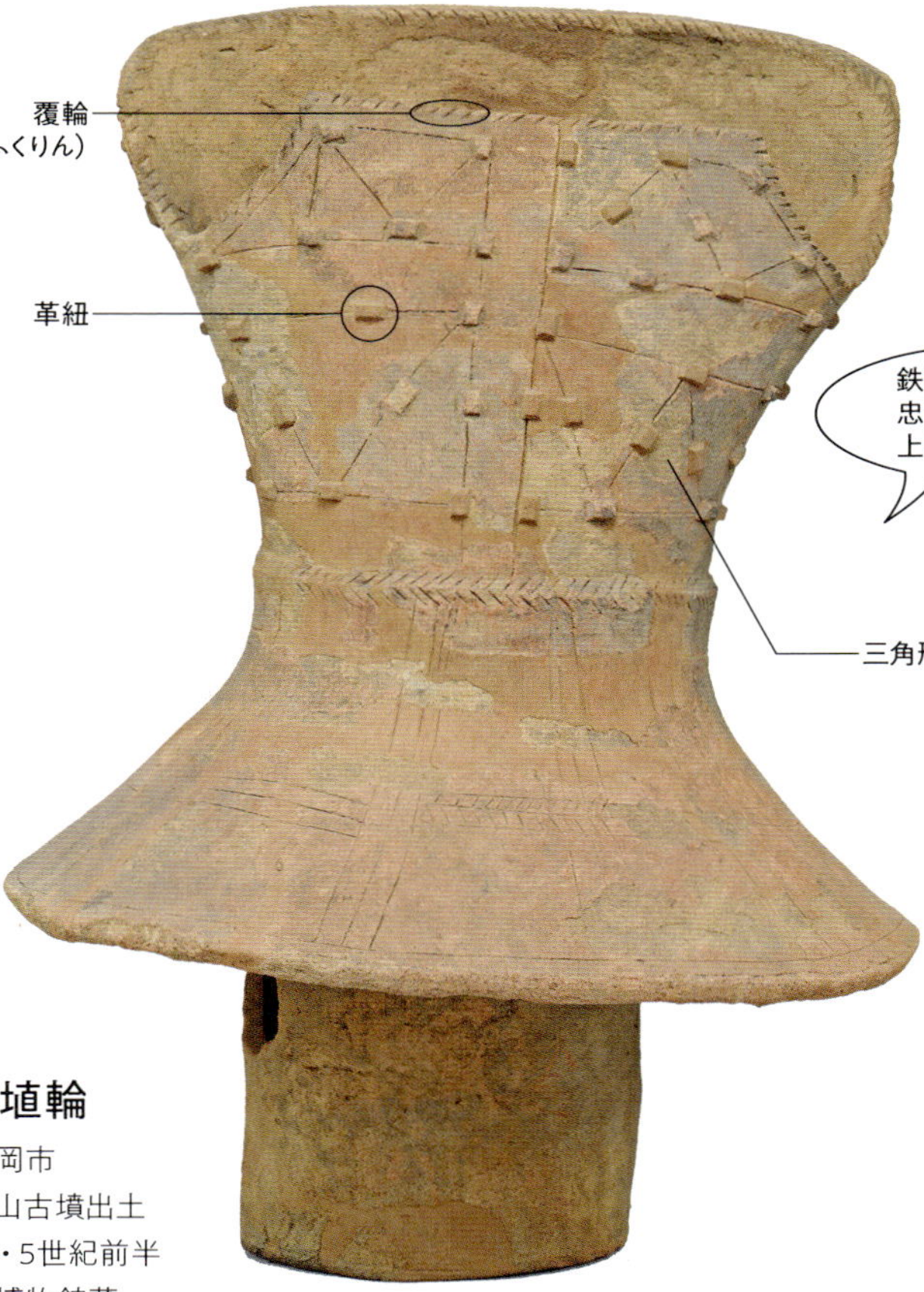

甲冑形埴輪

群馬県藤岡市
白石稲荷山古墳出土
古墳時代・5世紀前半
東京国立博物館蔵

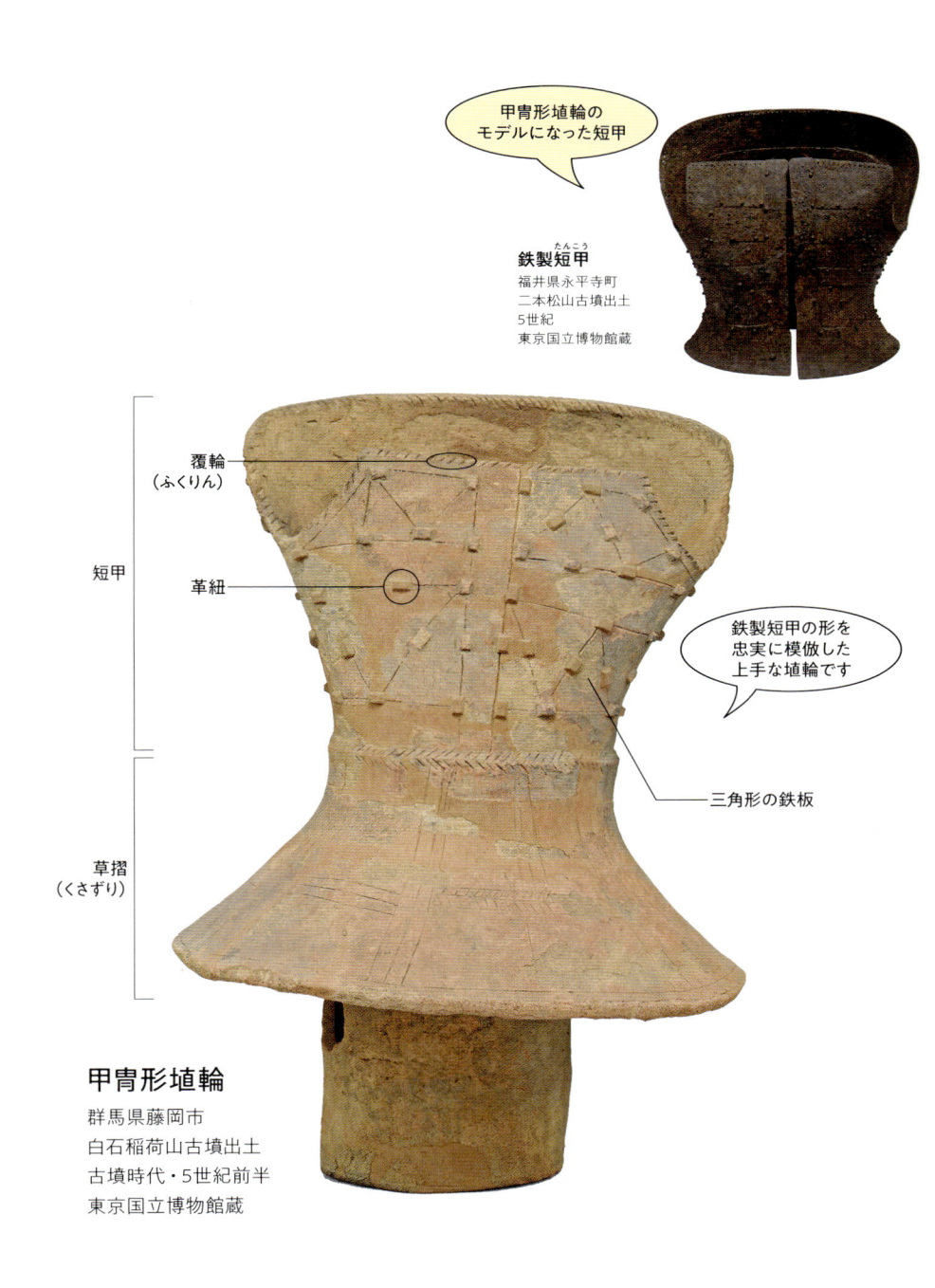

埴輪には、うまいものや下手なものがあります。といっても、うまい・下手を判断する基準はさまざまですが、ここではモデルを忠実に模倣しているかどうかで、判断しましょう。

二つの甲冑形《かっちゅうがた》埴輪を紹介します。経《きょう》の塚《づか》古墳（宮城県名取市）と白石稲荷山古墳（群馬県藤岡市）から出土した甲冑形埴輪で、どちらも5世紀につくられました。しかし、二つを見比べてみると、あきらかに形が異なることがわかります。

そもそもこの甲冑形埴輪とは、胴体部分を守る短甲《たんこう》と、腰回りを守るスカート状の草摺《くさずり》から成ります。モデルになった短甲は鉄製で、三角形や細長い長方形など複数の異なる形の鉄板に孔《あな》をあけ、その孔に革紐を通したり、鋲《びょう》でとじ合わせて組み立てます。仕上げに覆輪《ふくりん》といって縁《ふち》を革などで覆って完成です。

このような鉄製短甲は、畿内《きない》地域（現在の大阪府・奈良県を中心とする地域）にあったヤマト王権に関連する工房で製作され、日本列島各地の王に配布されました。全国的に見ても、ほぼ同じ形をしているのが特徴で、地域特有の形はありません。そもそも地方の工房では鉄製短甲を製作していないため、地方で出土する鉄製短甲はヤマト王権からもらったものと解釈されています。

その鉄製短甲を忠実に模倣した埴輪が、白石稲荷山古墳の甲冑形埴輪です。三角形の鉄板を線刻で、とじ合わせた革紐は小さな長方形の突起で、それぞれ表現しています。覆輪も緻密に再現されています。

これだけ精巧につくるためには、実物の鉄製甲冑を見ながら製作しないとできません。また、熟練した職人（工人《こうじん》）の腕があってこそ、忠実に模倣できたともいえます。おそらくこの埴輪をつくった工人は、埴輪生産のメッカであった畿内地域で埴輪づくりを学んだ、工房のなかでも親方レベルの人物だったのでしょう。

一方で、経の塚古墳の甲冑形埴輪は、鉄製短甲とは形がまったく似ていません。また、三角の線刻を重ねることで三角形の鉄板を表現しているようですが、鉄製短甲にこのような鉄板の配置はありません。この埴輪は、鉄製短甲の実物をかたわらに置いて製作したのではなく、「鉄製短甲とはこういったものかな…？」

と想像しながらつくったのでしょう。

　この経の塚古墳の甲冑形埴輪は、現在までに見つかっているもののなかでは、日本列島最北の甲冑形埴輪です。古墳文化の中心地である畿内地域から遠く離れた地で、情報も少なく、拙いながらも創意工夫してつくろうとした工人の努力をみることができます。一方で、情報が少ないがゆえに、この仕上がりであっても人びとは実物との乖離に気づかず、もしかしたら工人も「たいへん良い出来だ」と、自慢していたかもしれません。

　ただし、誤解のないようにしておきたいのが、畿内地域の埴輪がすべて上手であり、地方の埴輪がすべて下手というわけではない、ということです。単に物理的な距離のみで、埴輪のうまい・下手が分かれるわけではありません。地方でつくられた埴輪であっても、白石稲荷山古墳の埴輪はかなり上手です。その一方で、白石稲荷山古墳（群馬県）より畿内地域にずっと近い地方でつくった埴輪のなかにも、下手なものがいっぱいあります。

　では、埴輪のうまい・下手からなにが読みとれるかというと、ヤマト王権との関係性の強さです。ヤマト王権との関係性が強かったからこそ、白石稲荷山古墳の王は鉄製短甲をもらうことができたのであり、工人は畿内地域で埴輪づくりを学び、実物の短甲を見ながら埴輪をつくることもできたのです。

　古墳時代の中央と地方の関係の強弱は、地理的な距離に比例するのではなく、モザイク状であるのが特徴で、それが埴輪にも表現されているのです。

ヒミツ
20

ねずみ色のはにわ――東海・北陸地方

ねずみ色は
はにわと大王の
切っても切れない
関係の証

北陸

重要文化財
馬にのる男子と
馬をひく男子

石川県小松市　矢田野エジリ古墳出土
古墳時代・6世紀前半
小松市埋蔵文化財センター蔵
写真提供：小松市埋蔵文化財センター

東海

志段味《しだみ》大塚古墳の円筒埴輪列

土色の円筒埴輪のなかに、須恵器と同じ焼き方でつくられたねずみ色の埴輪も混ざっています
（愛知県名古屋市、レプリカによる復元）
撮影：河野正訓

東海

味美《あじよし》二子山古墳出土の埴輪

愛知県春日井市の味美二子山古墳の埴輪は、須恵器生産の拠点であった下原（しもはら）窯で焼かれました
春日井市教育委員会蔵／写真提供：春日井市教育委員会

埴輪はどんな色をしていますか？　おそらく多くの人が思い浮かべるのは、土色（茶色）だと思います。しかし、東海地方や北陸地方の博物館を見学すると、ときどきねずみ色の埴輪が展示されていることがあります。土色の埴輪とねずみ色の埴輪、このちがいはなんなのでしょうか。

古墳時代には、ねずみ色の土器である須恵器《すえき》があります。５世紀頃、朝鮮半島南部から搬入された陶質土器をモデルとして、日本列島内ではたくさんの須恵器がつくられるようになります。

須恵器は、窖窯《あながま》で焼成します。窯内に木などの燃料を入れて、１０００度以上の高温で焼いたあとに、窯口をふさぐことで酸素を絶ちます。そうすると、ねずみ色の硬い土器ができるのです。このような焼き方を還元炎焼成といいます。一方で、８００度程度の低温で焼く野焼きや、窖窯でも窯口をふさがず酸素が常に供給される状態で焼くと、茶色の土器や埴輪ができます。これを酸化炎焼成といいます。

ここで紹介するねずみ色の埴輪は、須恵器と同じ還元炎焼成でつくられたものです。また、ねずみ色の埴輪のなかには、須恵器づくりに必要なロクロが使われたものもあります。どうやら須恵器づくりの職人（工人《こうじん》）が、埴輪づくりにも関わっていたようです。そのため、須恵器づくりの技術を使ってつくられた埴輪を「須恵器系埴輪」と研究者はよんだりしています。

須恵器系埴輪は、東海地方、とくに愛知県を中心に発見されています。北陸地方や近畿地方の一部でも見つかっており、ほかの地域でも出土例はあるものの、とくに愛知県で多く見つかるのは、なぜでしょうか？　理由のひとつとしては、愛知県は猿投窯《さなげ》や下原窯《しもはら》があり、須恵器生産の一大拠点だったことがあげられます。実際に、猿投窯や下原窯では、須恵器とともに埴輪も生産されていたことが、発掘調査で確認されています。おそらく、須恵器を焼くついでに埴輪も一緒の窯に入れた結果、埴輪がねずみ色になった、ということなのでしょう。

そのうえで、当時の政治的な情勢も須恵器系埴輪がつくられた理由として指摘できます。キーパーソンは、ヒミツ18に登場した6世紀の継体大王（天皇）です。

継体大王の母の故郷は越前国（現在の福井県）であり、継体大王の妃の一人は、おもに現在の愛知県を地盤とする尾張《おわり》氏の出身でした。つまり、北陸地方や東海地方の王は、継体大王と政治的に連携をしていたということです。そのため、継体大王あるいは大王と近しい人物のために、尾張氏が埴輪づくりに長けた地元の工人を近畿地方や北陸地方に派遣して、埴輪生産に従事させる、ということもあったのです。それゆえに、近畿地方や北陸地方でも、東海地方で見られるような須恵器系埴輪が見つかるのです。

埴輪は王の古墳に立てるためのものなので、政治勢力とは切っても切れない関係にあり、埴輪から当時の政治情勢を読みとることもできるのです。

5世紀末から6世紀初頭の愛知県では、古墳のランクに合わせて円筒埴輪をサイズ分けしていたことが、近年の研究でわかりました。力のある王は大きな前方後円墳をつくり、力のない王や王の支配下に置かれた人びとは小さな円墳などをつくります。そして、それぞれの古墳のランクにふさわしい円筒埴輪を立てることがおこなわれていたのです。

このように埴輪は、地域内の政治的な秩序を保つために使われることもあったのです。

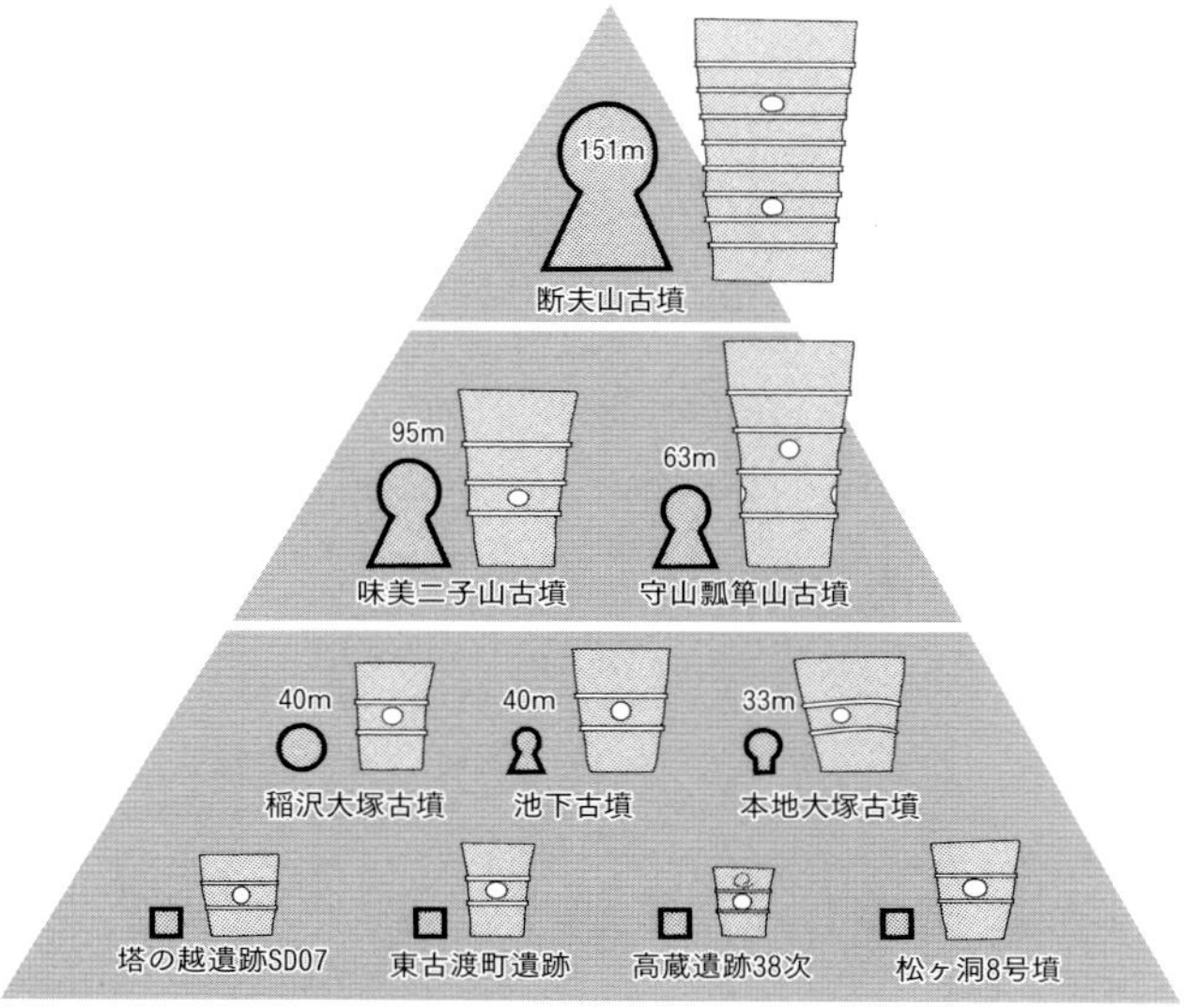

墳丘と円筒埴輪による尾張（愛知県）の古墳の階層秩序

円筒埴輪の高さと突帯（とったい）で区切られた段の数が、古墳のランクによって異なることがわかります

出典：藤井康隆 2022『濃尾地方の古墳時代』東京堂出版

ヒミツ
21

ご当地はにわ——関東地方

どの地域の
はにわが
お好みですか?

茨城県南部〜千葉県

重要文化財
盛装の男子

千葉県横芝光町 姫塚古墳出土
古墳時代・6世紀後半
芝山仁王尊 観音教寺蔵
（芝山町立芝山古墳・
はにわ博物館保管）

写真提供：芝山町立芝山古墳・はにわ博物館
撮影：中村一郎（奈良文化財研究所）

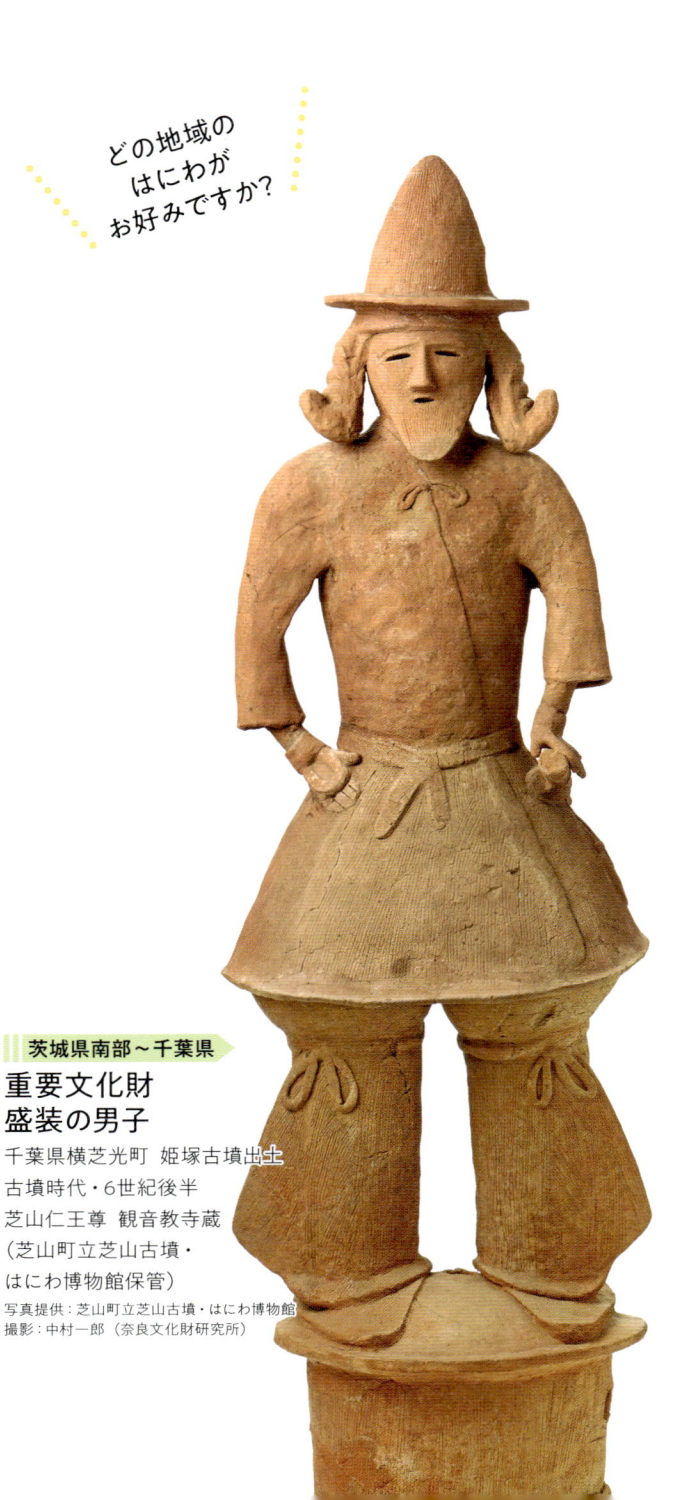

日本列島の北は岩手県から南は鹿児島県まで、埴輪は出土しています。その種類や造形が時代によって変化することは、この本のあちこちで説明したとおりですが、同じ種類で同じ時期の埴輪であっても地域ごとに特徴のちがいが生じることがあります。ここではこうした埴輪の地域性――〝ご当地埴輪〟を紹介しましょう。なお、埴輪の地域性は全国的に見られるものですが、今回は関東地方のご当地埴輪に注目したいと思います。

ひとことに「関東地方の埴輪づくり」といっても、その傾向は地域によって異なります。群馬県を中心に北関東では盛んで、茨城県や千葉県でも出土例が多く、一方で東京・神奈川は燃料を調達できる山が近くにないなど、埴輪を焼く条件が整っていないこともあり比較的低調です。ここでは、関東地方のなかでも埴輪づくりのとくに盛んな5地域のご当地埴輪をみていきましょう。

右ページの写真は「盛装の男子」という種類の埴輪です。前あわせの上衣を着て、袴《はかま》をはいています。膝の下あたりを足結《あゆい》という紐で結んでいます。こちらは千葉県北東部の姫塚古墳から出土したものですが、茨城県南部から千葉県あたりでは、この埴輪のように豊かなあごひげをたくわえ、三角帽子をかぶった大型の盛装の男子が多く見つかっています。

つぎに、埼玉県鴻巣《こうのす》市で出土した盛装の男子を見てみましょう（→98ページ）。姫塚古墳の埴輪とほぼ同時期につくられたものですが、その造形はまったく異なります。髪の毛を左右に分けて美豆良《みずら》に結い（振り分け髪）、両頬から垂らしています。手が細長く、袴の市松模様も特徴的です。この埴輪は生出塚《おいねづか》窯（埼玉県鴻巣市）で焼かれたものです。生出塚窯で焼かれた埴輪は、鉄分を多く含むため、埴輪の色が比較的赤いことも特徴です。生出塚窯産の埴輪は埼玉県を中心に見つかっていますが、少なからぬ量が東京都や千葉県でも出土しています。これらは、川を利用して舟で運ばれたことがわかっています。生出塚産埴輪の本来の供給域外の王が「生出塚の埴輪を我が古墳に立てたい！」と注文したもので、その背景には現在の埼玉県の

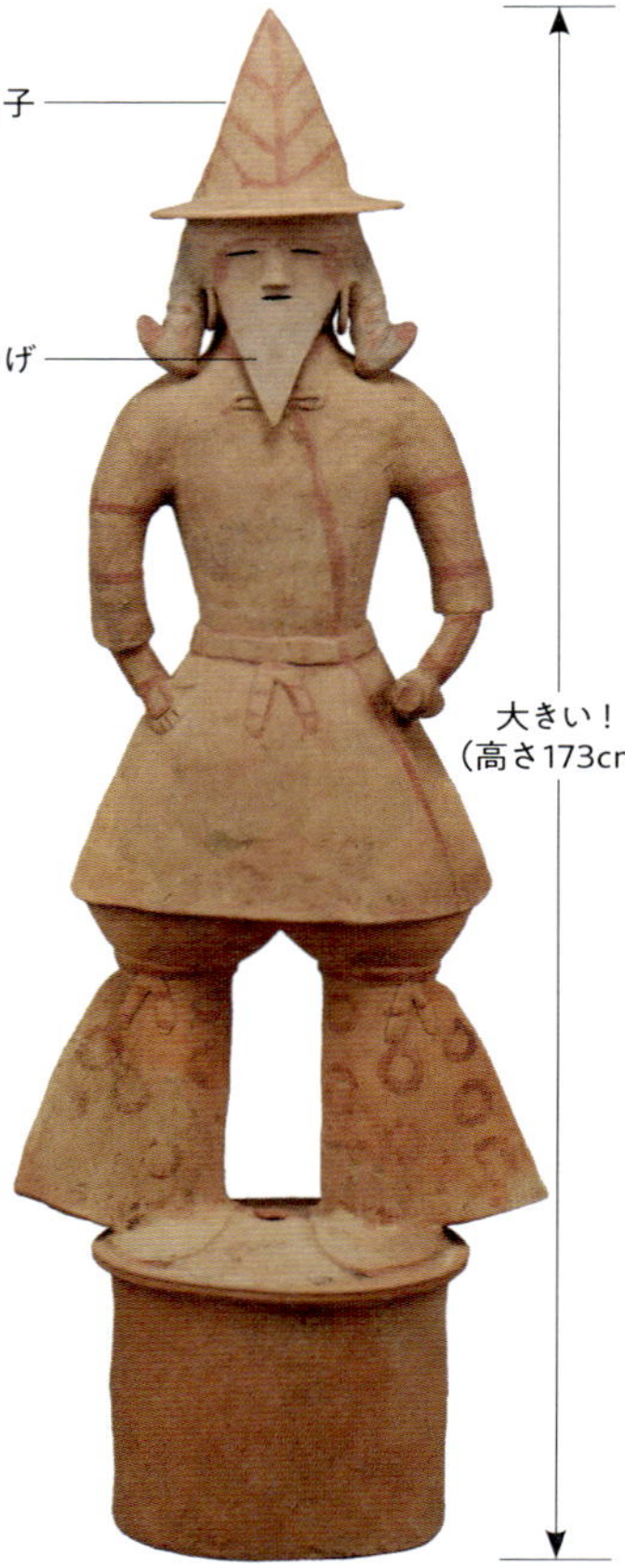

茨城県南部～千葉県

盛装の男子

伝茨城県出土／6世紀後半
東京国立博物館蔵

埼玉県（生出塚窯《おいねづか》）

重要文化財 盛装の男子

埼玉県鴻巣（こうのす）市 生出塚埴輪窯跡出土
6世紀／鴻巣市教育委員会蔵
写真提供：鴻巣市教育委員会

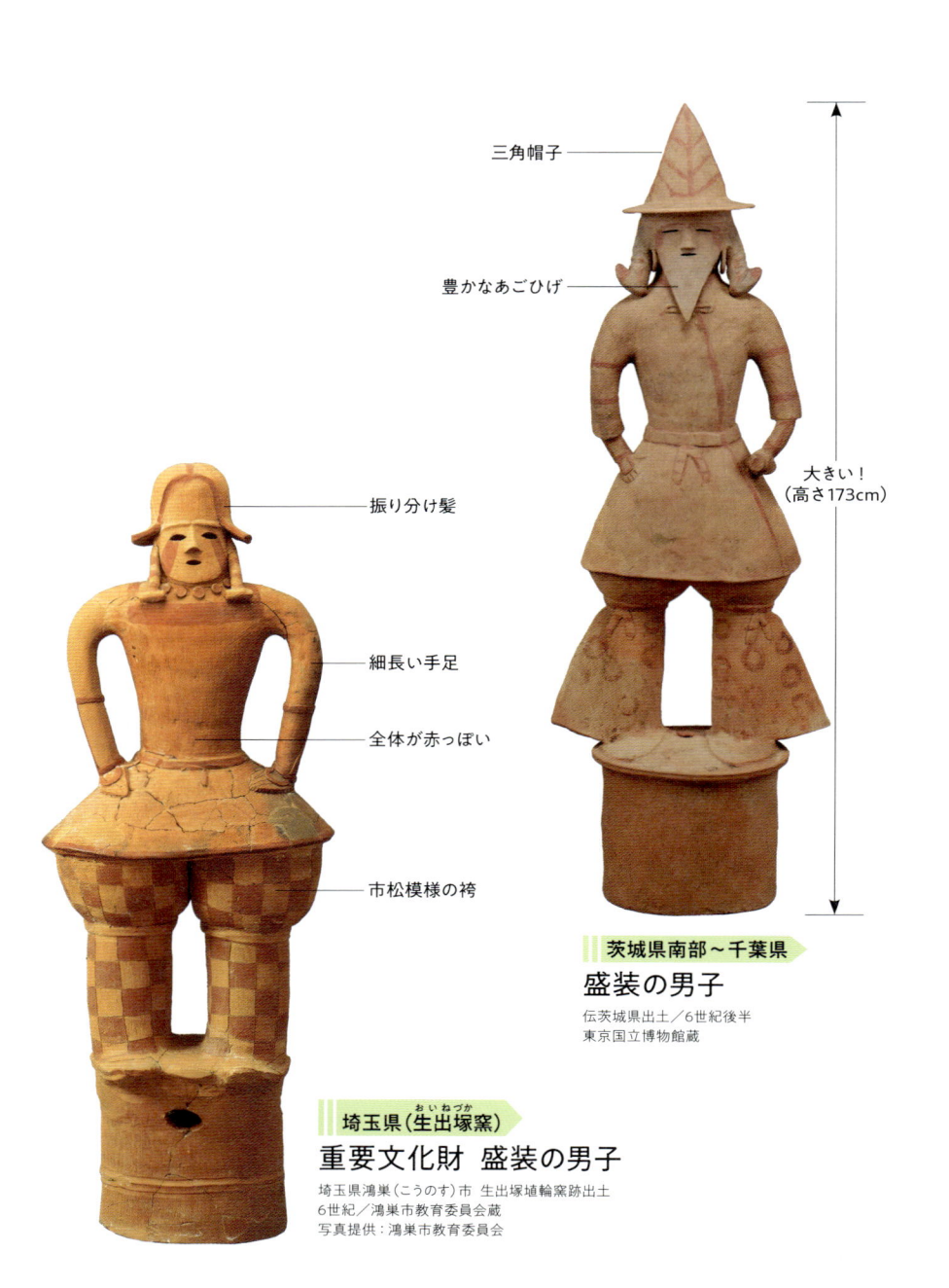

突起付冑
（とっきつきかぶと）

足にも甲（よろい）
の表現
（ヒミツ25の国宝
「挂甲の武人」
（太田金山窯産）
と共通）

二つの産地の埴輪は
似ているが
こまかく見ると
胎土（たいど）に
ちがいがある
（藤岡産は片岩や
海綿骨針を含む）

ヒミツ25
国宝「挂甲の武人」
の兄弟

弓を
縦にして
持つ

小札（こざね）と
紐を分ける
精巧な造形

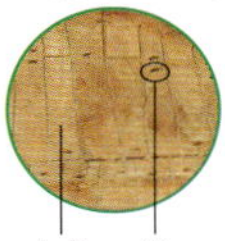

小札　紐

立体的に
つくられた
姿

群馬県藤岡市

国宝　挂甲の武人

群馬県高崎市　綿貫観音山古墳出土
6世紀後半／文化庁蔵（群馬県立
歴史博物館保管）
写真提供：群馬県立歴史博物館

**群馬県太田市
（太田金山《かなやま》窯跡群）**

挂甲《けいこう》の武人

群馬県伊勢崎市安堀町出土
6世紀後半
国立歴史民俗博物館蔵
写真提供：国立歴史民俗博物館

小札は格子状
の線刻で表現

脚部は足先に
いくにつれて
細くなる

上下に分割して
つくられました

茨城県

挂甲の武人

茨城県小美玉市　舟塚古墳出土
6世紀後半／茨城県立歴史館蔵
写真提供：茨城県立歴史館

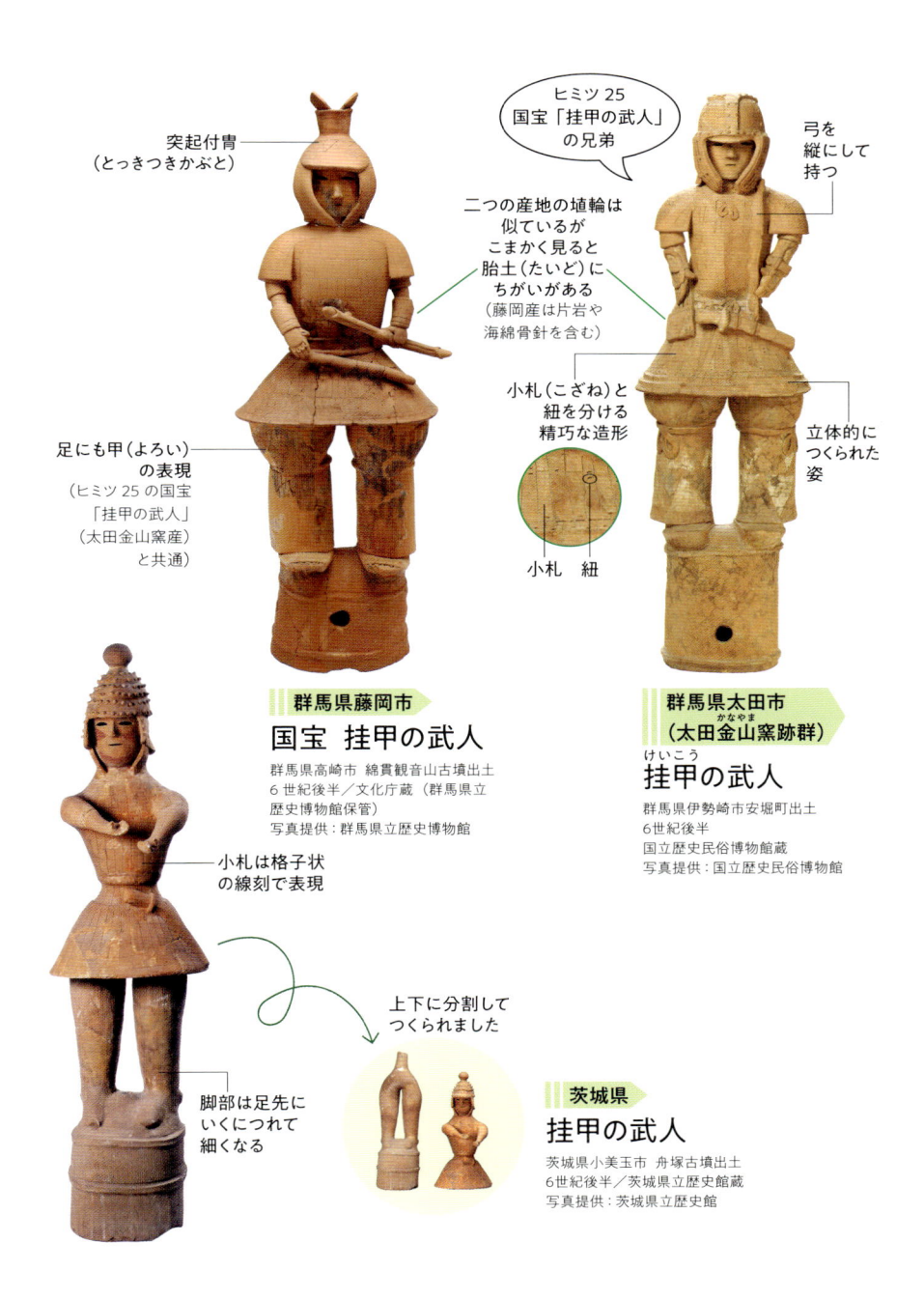

王と東京・千葉周辺の王との政治的関係があったのでしょう。

関東の埴輪王国・群馬県には、太田市と藤岡市の二大埴輪生産地があります。群馬県のなかでも東側の古墳（太田市御獄《みたけ》神社古墳や板倉町舟山古墳など）には、おもに太田市の太田金《かな》山《やま》窯跡群でつくられた埴輪が立てられました。挂甲《けいこう》の武人は東日本を中心に発見されていますが、太田金山窯跡群で焼かれた挂甲の武人は、精巧な造形のものが目立ち、東京国立博物館所蔵の国宝「挂甲の武人」はその代表例です（→ヒミツ25）。これと兄弟のように似た挂甲の武人で、完全な形に復元できたのは現在までのところ4体（（公財）相川考古館蔵・シアトル美術館蔵・国立歴史民俗博物館蔵・天理大学附属天理参考館蔵）ありますが、いずれも太田市やその隣の伊勢崎市で出土したものです。挂甲の武人に見られるこうした〝精巧さ〟が、太田金山窯産埴輪のご当地性といえるでしょう。

一方の藤岡産埴輪は、おもに群馬県西部の古墳（藤岡市七輿山《ななこしやま》古墳や高崎市綿貫観音山古墳など）に立てられました。藤岡市には、本郷埴輪窯や猿田埴輪窯など、埴輪づくりの窯が複数あります。この藤岡産の埴輪として、綿貫観音山古墳出土の国宝「挂甲の武人」がありますが、「突起《とっき》付冑《つきかぶと》」という独特な形の冑をかぶっているのが特徴です。突起付冑をかぶっていない藤岡産の埴輪もありますが、藤岡産の埴輪は粘土（胎《たい》土《ど》ともいいます）にふくまれる成分に特徴があるため、胎土を分析することで産地を特定できます。太田金山窯産と藤岡産の埴輪は、地理的な距離が近いこともあって職人（工人《こうじん》）の技術交流があり、見た目には区別がつきにくいこともあるのですが、このように胎土というミクロな視点で観察をすると、産地がわかる場合があるのです。

同じ挂甲の武人でも、茨城県でつくられたものはひと味ちがいます。これまで紹介した埴輪は、足から頭まで一体でつくられていますが、茨城県産の挂甲の武人は、上下に分割されてつくられています。これらの埴輪は、50基ちかい窯が見つかった小幡北山《おばたきたやま》埴輪製作遺跡（茨城町）で焼かれました。分割したのは、窯が小さくて埴輪が入らず、分割して焼かざるを得なかったからなのでしょう。

ここまでに紹介したのは、いずれも地域限定の特徴を備えたご当地埴輪です。では、こういった地域限定の特徴は、なぜ生じたのでしょうか？

まず第一に、窖窯《あながま》の普及があげられます。これにより、従来の野焼きとは変わって、ずっと同じ場所で埴輪をつくりつづけることができるようになりました（→ヒミツ18）。そうすると、親方から弟子であったり、親から子、そして孫であったり、世代を超えて埴輪づくりの伝統が受け継がれるようになりました。こうして、現代の萩焼や益子《ましこ》焼のように、埴輪づくりの地域的な伝統が生まれました。

そして二つ目に、6世紀後半、畿内《きない》地域（現在の大阪府・奈良県を中心とする地域）ではしだいに埴輪がつくられなくなったことがあげられます。これも地域的な伝統の確立を後押ししました。これまでは畿内地域が埴輪生産をリードし、地方では畿内地域のものをお手本にして埴輪をつくっていました。ところが、畿内地域で埴輪がつくられなくなると、お手本がなくなってしまいます。その結果、地方で独自の埴輪がつくられるようになったのは当然のことといえるでしょう（→ヒミツ16）。

また、埴輪が王の墓である古墳のためにつくられた、ということも忘れてはいけません。つまり、埴輪には政治的なアイテムという側面があり、ご当地埴輪の存在も当時の政治と切り離して考えることはできないのです。

埴輪を生産するには、粘土や燃料、窯、そしてたくさんの工人とその食料、住まいなどが必要です。これらは、地域を政治的に支配していた王が用意していたと考えられます。そのため、王の支配下でつくられた埴輪は、その王の支配がおよぶ範囲でしか基本的に流通しないのです。だからこそ埴輪の地域性が生まれたのであり、日本列島全体に同じような埴輪が流通するということは、ありえなかったのです。

ちょっとしたヒミツ22

はにわづくりは難しい

全国各地の博物館や資料館では、数多くのイベントやワークショップを開催しています。なかでも人気なのが、埴輪づくりです。

昼飯《ひるい》大塚古墳（岐阜県大垣市）は、岐阜県最大の5世紀の前方後円墳です。現在は歴史公園として整備され、地域住民のいこいの場、交流の場であり、地域学習の場であり、観光の場ともなっています。

古墳の上には、レプリカの円筒埴輪が立っています。じつはこの円筒埴輪の一部は、陶芸家の指導のもと、地元の中学生が製作したものなのです。古墳時代の職人（工人《こうじん》）も感心しそうなほど、出来の良い埴輪です。

そう聞くと、指導さえ受けたら、だれでも埴輪をつくれるかのようですが、実際のところはどうなのでしょうか？　この疑問の答えに近づくために、和歌山県立紀伊風土《きいふど》記《き》の丘での埴輪製作の取り組みを紹介しましょう。

中学生がつくった昼飯大塚古墳の円筒埴輪

紀伊風土記の丘では、長年、埴輪づくりをおこなってきました。風土記の丘敷地内にある岩橋千塚《いわせせんづか》古墳群の大日山35号墳や前山Ａ58号墳から出土した埴輪をモデルとした製作です。２００８年度～２０１４年度にかけておこなわれた大日山35号墳出土品の復元製作では、１００人ほどの市民が参加しました。完成した埴輪が大日山35号墳に置かれたのは、２０１５年のことです。形がシンプルでまねしやすい円筒埴輪などは、職員の指導のもとで一般の参加者が製作したということですが、「翼を広げた鳥形《とりがた》埴輪」（ヒミツ7に登場する埴輪です）

など難易度の高い埴輪は、専門の業者によってつくられたそうです。

　このことから、シンプルなつくりの埴輪は、指導さえ受けられたなら、特別な技術をもたなくてもつくることができる一方で、複雑なつくりの埴輪の場合は専門家でないとつくれない、といえます。このことは、ヒミツ18で紹介した古墳時代の埴輪づくりの体制と似ていると思いませんか？

市民参加によりつくられた大日山35号墳の埴輪群像（和歌山市）

　わたし（河野）自身も、大学生のときに埴輪づくりをした経験があります。

　２００２年に関東の９大学の50名を超える学生が、研究者立ち会いのもと、群馬県高崎市の保渡田《ほどた》八幡塚古墳の円筒埴輪の製作実験をおこないました。この実験で興味深いのは、A班（熟達者グループ）、B班（熟達者が初心者を指導するグループ）、C班（初心者のみのグループ、ただしモデルとなる埴輪を見ることができる）、D班（初心者グループ、モデルとなる埴輪を見ることができない）と、大きく4班に分けたことにあります。その成果は、『埴輪づくりの実験考古学』（学生社、２００６年）という本にまとめられています。

　わたしはC班の一員として参加しました。当然のことながら、熟達者が参加しているA班やB班の埴輪は、みごとな出来映えでした。一方で、初心者だけのC班・D班の埴輪は……さんざんな出来でした。わたしの埴輪は何度も倒壊しました。倒壊の原因は、粘土を積み上げていくスピードが速かったことです。あとから熟達者に聞いた話では、ある程度の高さまで粘土を積み上げたあとに乾燥させ、そしてまた粘土を積み上げて乾燥させることを繰り返すと、上手

撮影：河野正訓（p. 102–103）

に完成するのだそうです。つまり、「乾燥」という工程を途中ではさまないと、下のほうの粘土が重みでつぶれてしまうのです。そのような工程については、完成した円筒埴輪を見ただけでは、まったくわかりません。

埴輪づくりには指導する人の存在が重要だと肌身をもって感じるようになったのは、この頃からです。

このような埴輪づくりは、現在でも一部の博物館や資料館で、ワークショップとして一般参加ができるようになっています。古墳時代の工人の気持ちになって、粘土をこねるところから実体験してみてはいかがでしょうか。

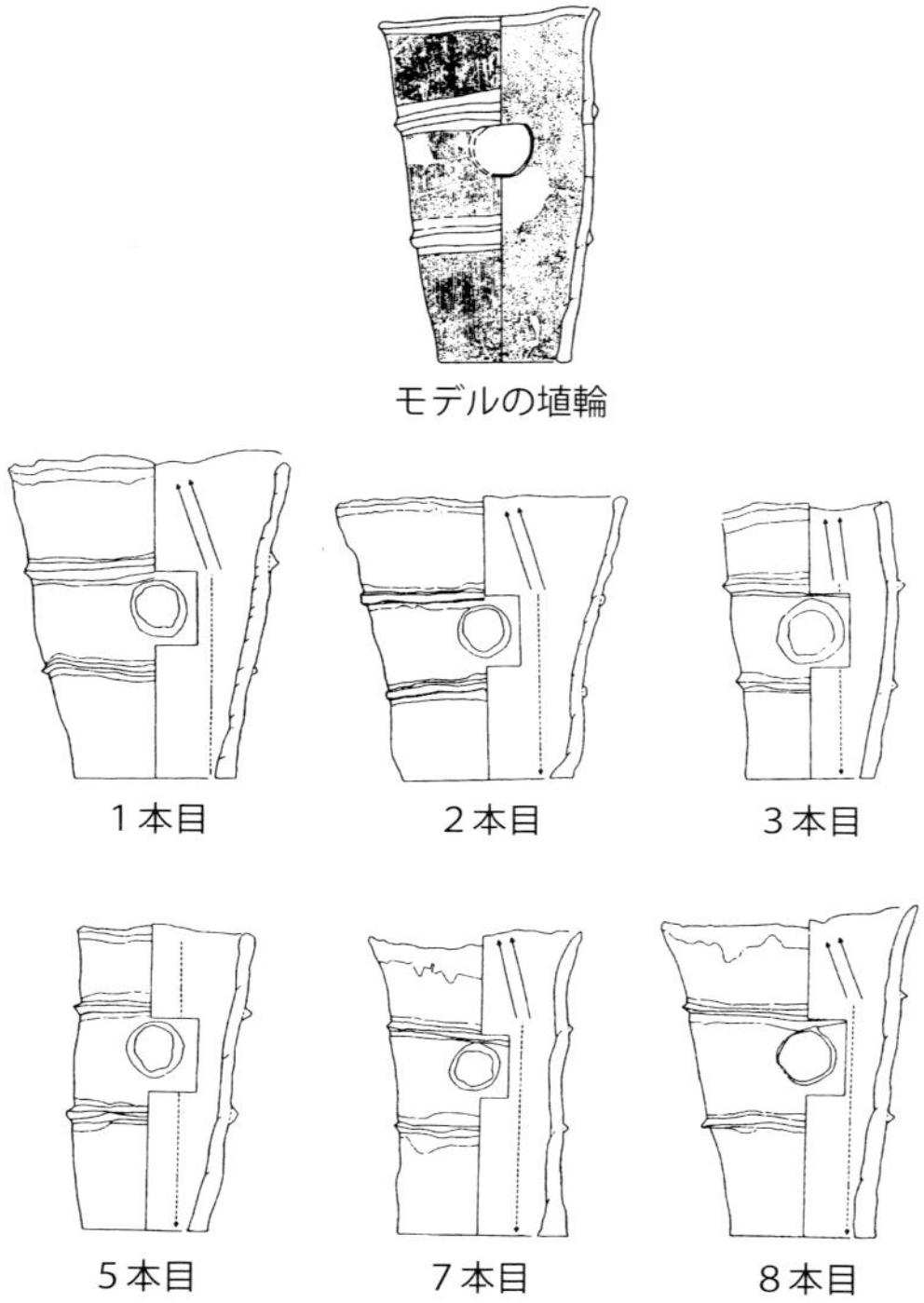

著者が実験に参加して製作した円筒埴輪の実測図。
4本目と6本目がないのは、完成前に倒壊してしまったからです
出典：大学合同考古学シンポジウム実行委員会編 2006
『埴輪づくりの実験考古学』学生社（一部改変）

IV

はにわの研究

ヒミツ
23

壮大なる、はにわ3Dパズル

「盛装女子」の解体状況。
パーツの揃っている部位も
多いのですが
あいだが抜けている箇所も
多く見られます

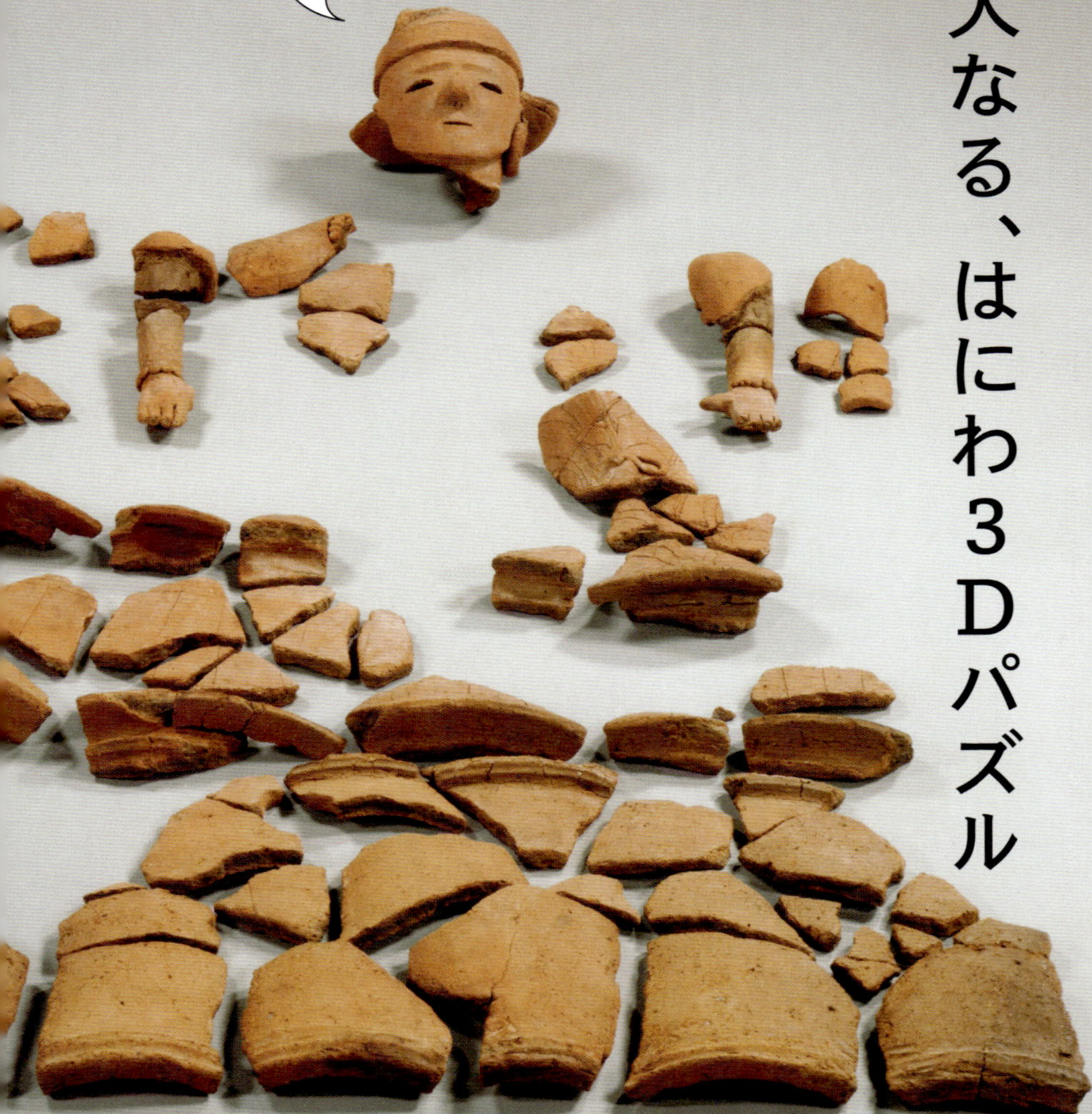

重要文化財　盛装女子

群馬県伊勢崎市豊城町横塚出土
古墳時代・6 世紀後半
東京国立博物館蔵
Image : TNM Image Archives

重要文化財 盛装女子

右ページの破片を復元した姿です。髪や胴、裳（スカート）のうち色がわずかに濃い部分が修理による復元です

みなさんは埴輪がどのようなかたちで発掘されるかご存じでしょうか。古墳の発掘を見たことがなければ、埴輪の発掘というと、大きな埴輪がそのままの姿で土のなかからにょっきりと現れる、というイメージをもっている人も、もしかしたらいるかもしれません。

しかし、埴輪もふくめて考古資料の多くが、発掘調査ではバラバラの破片になった状態で見つかります。

埴輪の場合、古墳に立てられたあとは雨風にさらされつづけるものですから、当然のように壊れてしまいます。とくに深刻な影響を与えるのが、冬季の凍害です。埴輪の多くは素焼きのため水がしみこみやすく、冬に気温が下がるとしみこんだ水が凍って膨張することで割れてしまうのです。さらに土に埋まっても、順に上に重なっていく土や、建物などの構造物の重さが圧力としてかかることで壊れることも多くあります。

こうして壊れた埴輪は、古墳の墳丘が徐々に崩れていくなかで破片が散らばっていきます。さらに草木が生えたり、動物や人間が穴を掘るなどの活動をしたりすると、本来とは異なる場所に破片が移動し、順番にパーツが抜けていき……ということを繰り返していきます。

また古墳の発掘は、全体をすべて掘ってしまうのではなく、古墳の形を知るうえで鍵となる場所や、「造《つくり》出《だし》」などの重要な施設を部分的に調査することがふつうです。遺跡は一度発掘すると二度とそのまま同じ状

池田古墳の水鳥形埴輪の出土状況
重要文化財／兵庫県朝来（あさご）市 池田古墳出土
兵庫県立考古博物館蔵／写真提供：兵庫県立考古博物館

態には戻すことができません。発掘調査はある意味で破壊行為ともいえるのです。そのため、開発などで完全に消滅してしまうような場合でなければ、墳丘の裾や角など、古墳の正確な形や時期を知るうえで重要となる場所をピンポイントで調査する場合がほとんどです。そして、たまたま埴輪がその調査地区のなかにあった場合に発掘されることになりますが、たとえそれが珍しい埴輪であっても、そのパーツをさらに得ようとしてわざわざ調査地区を拡張することはまれです。もっとも、調査地区を拡張しても必ずしも新たな破片が見つかるとは限りません。

結果として、発掘調査で出土した破片から埴輪を復元しようとすると、パーツが足りないということが起こります。なかには細かい破片になって、なかなかもとの状態に戻せないものも含まれています。いわばピースが抜けている〝3D（立体）パズル〟とでもいうべきものなのです。

しかもピースの大きさは不揃い、ほかの埴輪のピースと混ざりあっていることも珍しくありません。さらに、埴輪が壊れたあとも埋まらずに地表近くにあった場合は磨滅してしまい、本来はぴったりと破片どうしが合うはずなのにうまく接合できない、あるいは土に埋まっていた環境のちがいによって、色が異なるなどまったく似ても似つかない破片どうしがぴったりとくっつく、ということも起こります。〝埴輪3Dパズル〟は、一連の埴輪の復元作業のなかでもクライマックスというべき、時間と労力を最も費やす作業です。

しかし時間は有限です。どこかのタイミングで作業を切りあげることになりますが、埴輪を組み立て復元したあとで、じつはあいだに入るパーツが見つかった……、というのもよくある話。わたし（山本）も土器の復元に際してではありますが、実際に苦い経験があります。

パーツを組みあげたうえで抜けている部分があれば、樹脂や石膏などの材料で補修することがあります。その際にはもとの形がどのようなものであったのか、ほかの埴輪の事例を参考にします。この本でもここまでみてきたとおり、埴輪の多くは祭祀の内容や役割に沿った姿や所作をしており、唯一無二の造形とよべるものは実際には少ないのです。

細かい部分についても、学術的な検討を経てどのような復元をおこなうかを決定します。こうした復元作業は各自治体の教育委員会や埋蔵文化財センターでは自前でおこなうところもありますが、博物館では外部の修復の専門家に委託することもあります。後者の場合、修復中に各機関の担当者が定期的に進捗状況を確認しながら復元を進めていきます。

復元箇所の最後の仕上げとして必要なのが色づけ（補彩）です。これは埴輪の本体部分と復元箇所の区別をできるようにするのが基本です。機関にもよりますが、たとえば東京国立博物館では、復元箇所は埴輪本体の色よりもやや薄く明るい色か、あるいは暗く落ち着いた色に塗装して、埴輪本体部分を引き立たせるようにしています。あくまでも、見る人に復元箇所ではなく本物の埴輪の部分に注目してもらえるようにしたいという考えからです。

発掘調査で出土してから、破片を洗い、パズルをして組みあげ、足りない部分の復元をおこなう。そして報告書や図録に掲載し、展示されてみなさんの目にふれるようになる。博物館や資料館、埋蔵文化財センターで埴輪などの考古資料を見る際、破片の継ぎ目や復元箇所にも、じつに多くの人びとが長い時間と労力をかけていることを思い出していただけると幸いです。

ヒミツ
24

はにわ史にのこる奇跡の再会

80年越しの
奇跡

鍬《くわ》を担《かつ》ぐ男子
群馬県伊勢崎市
赤堀村 104 号墳出土
古墳時代・6世紀後半
東京国立博物館蔵

右の人物の左肩にご注目ください。なにか棒のようなものがついています。実はこの棒、土を起こすための鍬《くわ》なのです。鍬を肩にかついでいるのです。

一見すると、そうとはわかりません。本来ならば、同じ群馬県伊勢崎市から出土した権現山《ごんげんやま》の例のように、鍬の柄を手に持って刃先を肩にかつぐのが基本のスタイルです。ところが赤堀村１０４号墳の例は、手が鍬から離れ、あたかも肩にぶら下がっているような表現になっています。なぜでしょうか。

考古学で最初に学ぶのが、「型式学」です。型式学とは、遺物の諸特徴を把握して分類し、変化の方向性を見極め、古いものから新しいものへと遺物を並べ、年代を与える方法です。しかし、遺物が徐々に移り変わっていく様子を並べた際に、この変化は古いものから新しいものへ向かっているのか、もしくは逆なのかわからない場合があります。その手がかりのひとつとなるのが、「退化」です。まずは退化した表現がないか、探ります。退化した表現があれば、そのほうが新しい、ということになります。こうして変化の方向性がわかるのです。

この男子の肩にぶら下がった鍬も、「退化」で説明できます。つまり、本来は鍬の柄を手に持っていたのが、表現が退化して手から離れた、と考えることができます。ということは、退化した表現の赤堀村１０４号墳の埴輪のほうが権現山のものよりも新しい、ということになります。

この赤堀村１０４号墳出土の人物には、ほかにも退化した特徴が見られます。腰に下がったバナナのようなものは、刀の退化した表現です。服の

鍬を担ぐ男子
群馬県伊勢崎市豊城町権現山出土／6世紀後半
東京国立博物館蔵

2016 年におこなわれた赤堀村 104 号墳の発掘調査の様子。左下には埋葬施設が見えます（白丸部分）
写真提供：伊勢崎市教育委員会

表現も退化して帯が残るのみで、まるで裸のようです。さらに、菅笠《すげがさ》をかぶっている表現が退化した結果、頭はとがっています。

　どうして、こんなにも退化した表現が満載なのでしょうか。それは、実際の人物をモデルにして埴輪をつくったからではなく、もともとあった鍬を担《かつ》ぐ男子の埴輪をコピーしたからです。鍬を担ぐ男子の古い例は6世紀中頃に遡ります。それをコピーして、コピーをコピーして、コピーのコピーをコピーして……と、コピーを繰り返し、それにつれて表現が退化していきました。まるで伝言ゲームのようですね。

　この赤堀村１０４号墳出土の埴輪は、農作業に従事する人物もしくは古墳づくりに関わるような人物であったと考えられています。満面の笑みは、豊かな自然の恵みをよろこぶ姿なのか、もしくは盾持人《たてもちびと》のように笑いで邪悪なものをはらっている姿なのでしょう。近年、バンコク国立博物館や中国国家博物館の特別展でも展示され、この笑顔もあってか、国内外を問わずとても人気のある埴輪です。じつは、わたし（河野）もこの笑顔に落とされたひとりで、赤堀村１０４号墳出土の「鍬を担ぐ男子」はわたしのいちばん好きな埴輪です。

　さて、この「鍬を担ぐ男子」は、１９３０年代に「群馬県佐波郡赤堀村大字下觸字石山55」から出土しました。そして、一緒に出土した埴輪とともに東京国立博物館に収蔵され――約80年後、奇跡が起こります。

２０１６年のことです。赤堀村１０４号墳が伊勢崎市教育委員会と山下工業株式会社によって発掘され、たくさんの埴輪が出土しました。この古墳は、石山南古墳群のなかの1基で、直径43メートルの大きな円墳。周辺には数多くの古墳があり、すでに調査されている古墳もたくさんあります。２０１６年にも、１０４号墳のほか１０２・１０５号墳（いずれも円墳）が発掘調査されました。

その発掘チームが、同じ赤堀村から出土した埴輪を調査するために、東京国立博物館にやって来ました。わたしも立ち会ったその調査の最中、その場にいた全員が驚き、素直な感動にふるえた瞬間がありました。約80年前に赤堀村で出土した東京国立博物館の埴輪片と、２０１６年に出土した赤堀村１０４号墳の埴輪片が接合したのです！　しかも、1体のみならず人物埴輪が4体も接合したのです!!

東京国立博物館の埴輪と赤堀村１０４号墳の埴輪、奇跡の再会の瞬間でした。

じつは、詳細な記録が残っていなかったため、１９３０年代に出土した赤堀村の埴輪がどの古墳のものなのか、長年わからないままでした。１１０ページの「鍬を担ぐ男子」も、以前は「群馬県佐波郡赤堀村大字下觸字石山55出土」と表示していました。それが、この調査によって赤堀村１０４号墳のものであることが、80年ぶりに明らかとなったのです。地元、伊勢崎市のチームによる地道な調査研究が生んだ、大きな成果といえるでしょう。

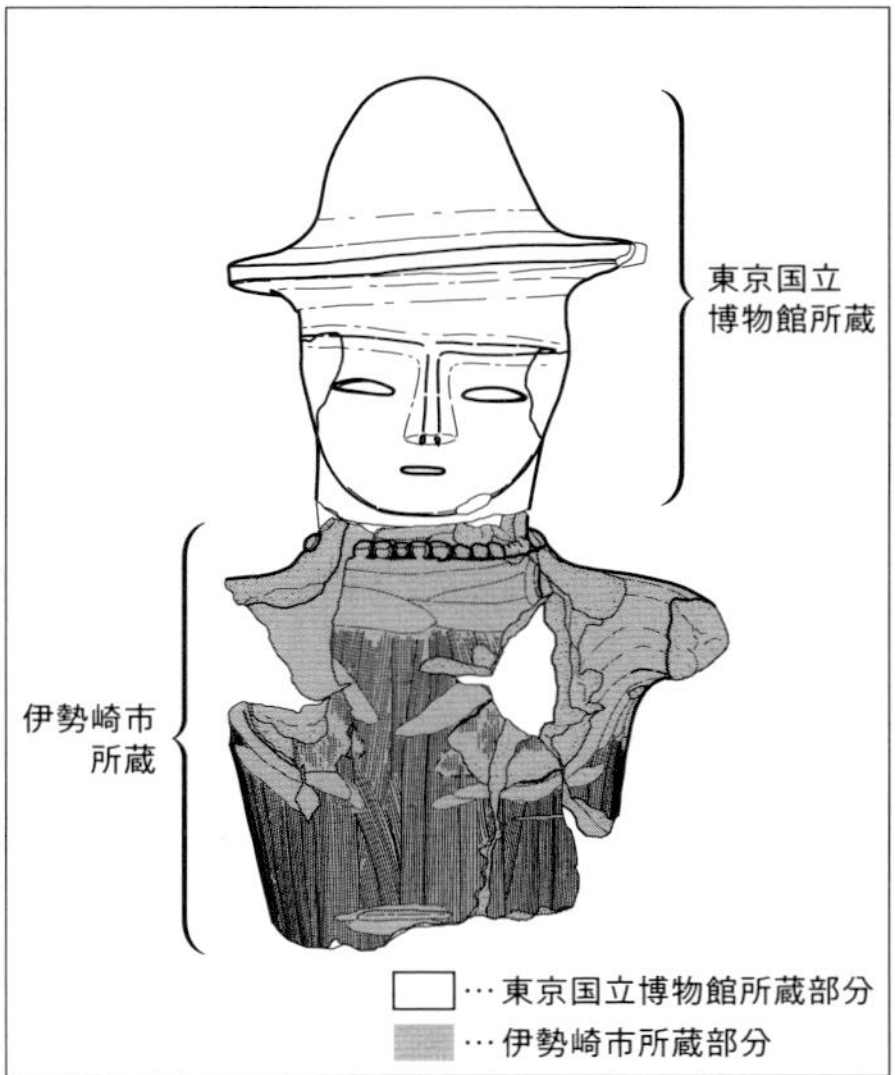

帽子を被《かぶ》る男子（実測図、部分）

接合した４体の人物埴輪のうちの1体です

出典：山下工業株式会社編 2016『石山南古墳群』伊勢崎市文化財調査報告書 Fig. 33（一部改変）

ヒミツ
25

国宝のはにわ、最新調査成果

国宝はにわ
第1号!

国宝　挂甲《けいこう》の武人
群馬県太田市飯塚町出土
古墳時代・6世紀後半
東京国立博物館蔵

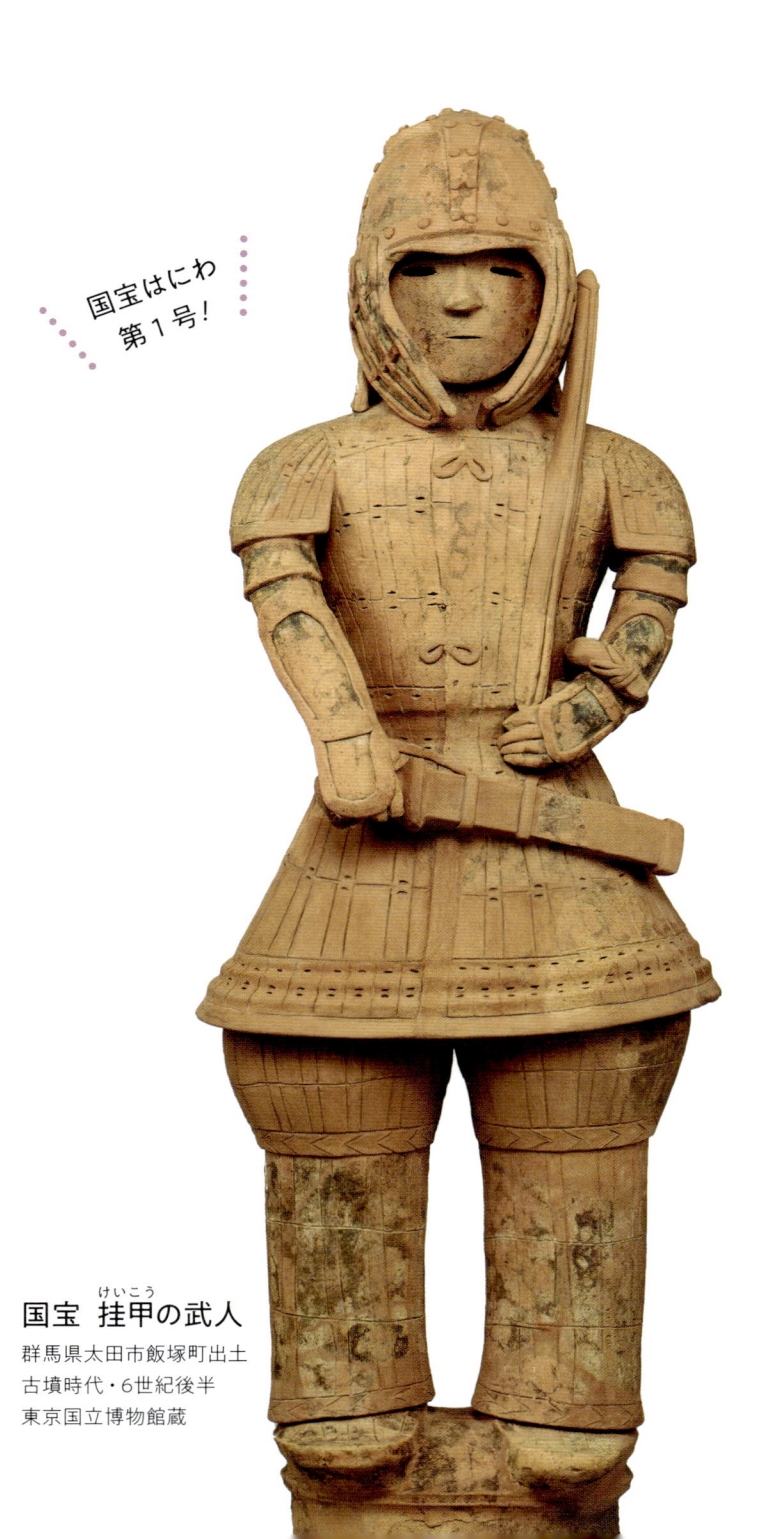

東京国立博物館を代表する埴輪が「挂甲《けいこう》の武人」です。「見覚えがあるような……?」という人もいるかもしれません。本当かどうかわかりませんが、映画の『大魔神』シリーズやNHKのテレビ番組『おーい！はに丸』の埴輪の王子「はに丸」のモデルと噂される著名な埴輪です。歴史の教科書でもおなじみですね。

2024年9月時点で国宝の埴輪は4件しかないのですが、この東京国立博物館の「挂甲の武人」は、1974年（昭和49年）に日本で初めて国宝に指定された、国宝埴輪の第1号なのです。

この国宝埴輪の大規模な修理を、2017年から約3年をかけておこないました。その過程でわかった最新の調査成果を紹介します。

その前に、挂甲の武人とはどんな埴輪でしょうか。挂甲とは朝鮮半島に由来する小札《こざね》という細長い鉄板を何枚も重ね合わせた甲冑《かっちゅう》のことです。つまり、挂甲を身にまとった武人の埴輪ということで「挂甲の武人」とよんでいるわけです。挂甲は伸縮性があり身動きがしやすいのが特徴で、5世紀以降に日本列島でウマが普及するとともに、挂甲もウマに乗る武人たちのあいだで広まりました。

ここでひとつ疑問が生じます。埴輪の背中を見てみましょう。靫《ゆぎ》（矢を入れるための筒）を背負い、その靫には矢が4本、鏃《やじり》を上にして入っています。これでは、馬上で背中の矢を取ろうとすると、手に矢が刺さって怪我をしてしまいそうです。そのため、この「挂甲の武人」は騎兵ではなく歩兵ではないか、あるいは戦場ではなく儀式の場に参加している武人ではないか、と研究者は考えています。

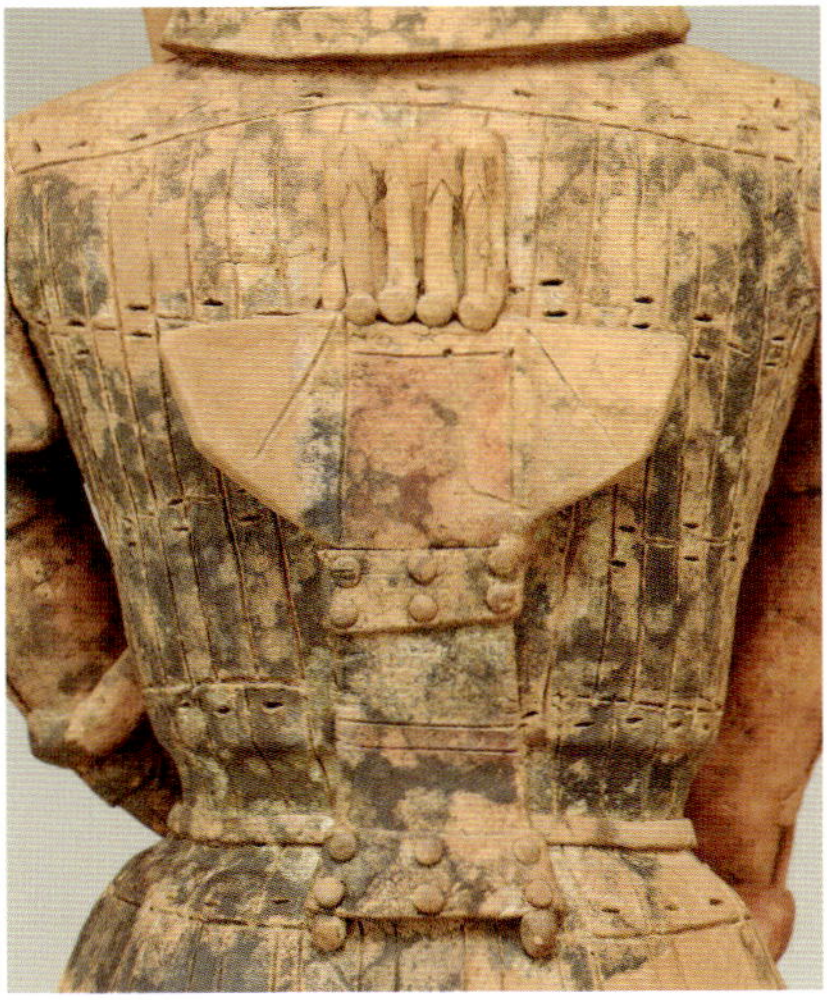

「挂甲の武人」背面の靫。
上の方に4本の矢が表現されています

東京国立博物館の「挂甲の武人」は、両足が表現されており、高さは130㎝ほど。埴輪のなかでは大型品です。このような特徴は、この武人が身分の高い人物であることを示しています。この埴輪……いえ、こちらの〝お方〟のモデルとなった人物は、古墳に埋葬された王であるのか、その王にお仕えしていた人物であるのか、諸説あります。前者の場合、王が武装していたことになり、生前の勇ましい姿を顕彰する目的で埴輪をつくったのでしょう。後者の場合、王の警護をしたとか、久米舞《くめまい》（宮中の儀式でおこなわれる日本古来の歌舞）のように儀式の際に刀を持って舞ったとか、これもまた諸説あります。

いずれにせよ、現在の群馬県にこのような武人がいたことは間違いありません（この埴輪は群馬県でつくられました）。群馬県を中心に、関東地方では武人の埴輪が多いことで知られています。それはなぜか。この疑問を解く鍵となるのが〝ウマ〟です。

「挂甲の武人」がつくられた6世紀は、ウマの生産が関東地方で本格化し、各地に牧《まき》というウマを生産する牧場がつくられました。また、ウマを生産するための技術者が、朝鮮半島から多く渡来したことも、ウマ生産の活性化を後押ししました。

ウマは乗り手の威信を高めるのに役立ち、輸送や情報伝達、農業（牛馬耕）にも貢献しました。軍事活動にも利用され、ウマがたくさんいる地域には自ずと武人も多かったであろうと推測されるのです。

さて、冒頭でもふれましたが、数ある武人埴輪のなかでもこの「挂甲の武人」は、日本を代表する埴輪のひとつといっても過言ではなく、埴輪の最高傑作として美術的にも高く評価されています。しかも頭から足先まで完全武装された埴輪は、ほかに例がありません。具体的には、頭には衝角付冑《しょうかくつきかぶと》、胴回りは小札を連ねた挂甲（小札甲《こざねよろい》）、腰回りは草摺《くさずり》を身につけています。頬には頬当《ほおあて》、首には錣《しころ》、肩には肩甲《かたよろい》、膝には膝甲《ひざよろい》、腕には籠手《こて》、足には臑当《すねあて》を装着し、沓《くつ》にまで小札の表現があります。右手は大刀《たち》を持ち、左手に弓をとり、矢を入れた靫を背負っています。1500年も前の武人の姿を直接知ることができる貴重な埴輪です。こうした美術的・考古学的価値が評価されているからこその、国宝埴輪なのです。

「挂甲の武人」が発見されたのは1933年（昭和8年）頃のこと。例によって（↓ヒミツ23）バラバラの状態で発見されたため、すぐに石膏などで修理をしています。その後も何度か修理がおこなわれ、最後の修理は昭和20年代頃のことでした。こうした過去の修理で使った接着剤や石膏の劣化により、じつのところ「挂甲の武人」は全壊する危機を抱えながらどうにかもちこたえている、という状態に陥っていました。そして、2017年、ついに修理がおこなわれることになりました。3年ちかい期間を費やした大規模な修理でした。

修理のためにまずおこなったのは、修理チームを整えることでした。修理作業そのものは専門の修復師がおこないます。今回の修復師は、親子3代にわたって埴輪を修復している人にお願いをし、複数の埴輪研究者にもチームに加わってもらい、東京国立博物館が主体となって、万全の体制を整えました。また、3年もの修理となると莫大な費用がかかります。その費用は、バンク・オブ・アメリカの文化財保護プロジェクトから助成を得ることができました。

本格的な修理に入る前に、肉眼観察による状態確認をおこないました。さらに、X線CT撮影（↓118ページ）によって表面には見えない内部の状態も確認したうえで、ようやく修理が始まりました。

修理は、できるだけ古い接着剤や石膏をはがして、発見時のようにバラバラに解体することから始めました。その後、クリーニングをして汚れをとりさった状態で、破片1点1点を詳しく観察しました。

わたしたちがそれに気づいたのは観察を始めてすぐのことでした。見ていたのは、頬当の一部です。頬当の端の方に何かがついていた痕跡を見つけました。なんだろうか？　これは弓の先端がはがれた跡だと、埴

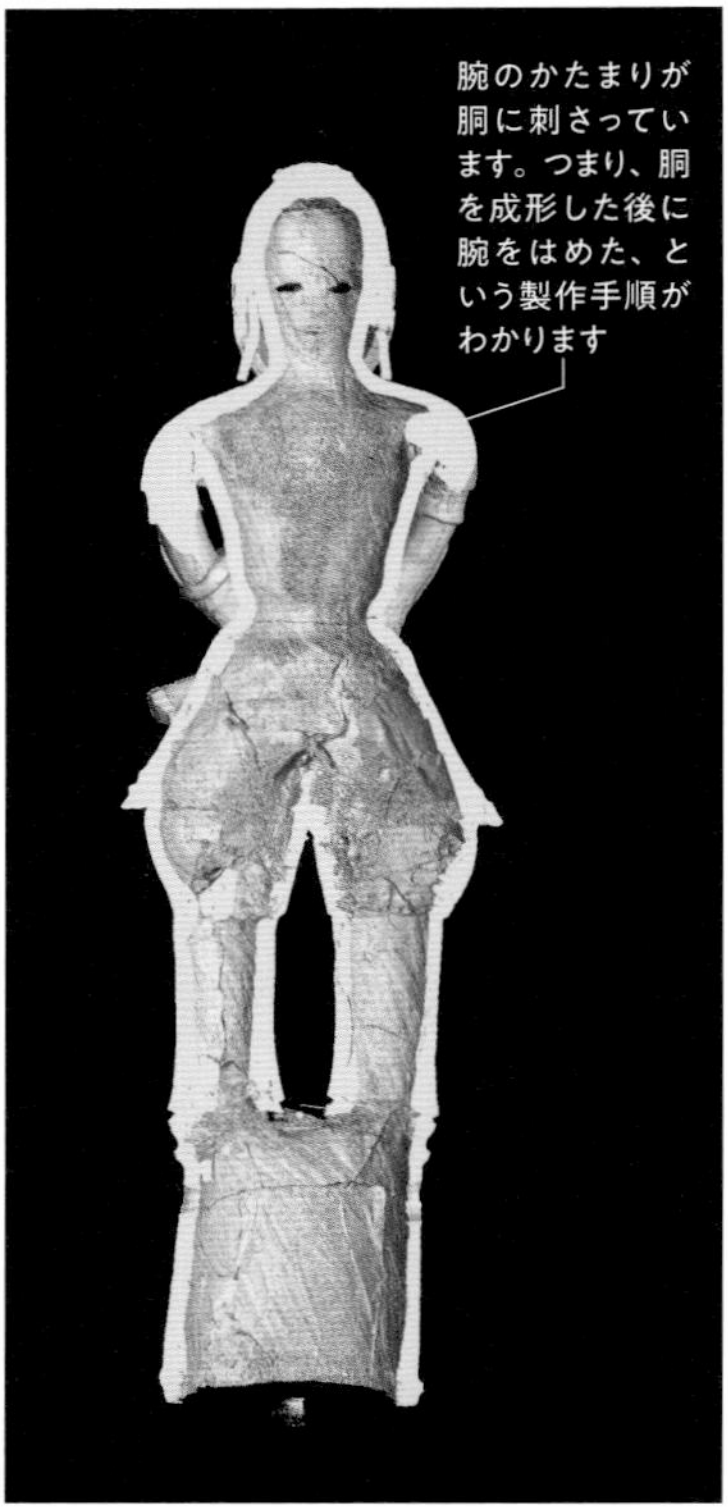
腕のかたまりが胴に刺さっています。つまり、胴を成形した後に腕をはめた、という製作手順がわかります

「挂甲の武人」X線CTによる3D画像（修理前）
X線CT撮影は、修理のためだけではなく、研究目的でおこなうこともあります
撮影：東京国立博物館
Image : TNM Image Archives

輪研究者たちは直観的に気づきました。修理前の「挂甲の武人」を見ると、胸のあたりで弓が折れていることがわかります。今回の修理まで、もともとの弓の長さはわかっていなかったのです。

さて、頬当の痕跡が弓のはがれた跡だとすると、もとはどのような形だったのか？ わたしたちは群馬県伊勢崎市の相川考古館を訪ねました。東京国立博物館の「挂甲の武人」には、まるで兄弟のように似ていて、同じような弓を持っている武人埴輪がいくつかあり（国立歴史民俗博物館所蔵のものを99ページで紹介しています）、相川考古館はそのうちの1体を所蔵しているのです。相川考古館所蔵の埴輪との比較検討などにより、もとの弓の形状を復元することができました。弓の復元は、今回の修理による大きな成果です。

破片のクリーニング後は、立体情報を得るべく、三次元による破片の計測をおこないました。これで修理が終わったあとも、オリジナルの破片はどのようなものであったのか、パソコン上で見ることができます。バラバラの状態で写真撮影も済ませ、次は組立てです。接着剤で破片を接合し、オリジナルが欠けている部分は樹脂で復元。その後、樹脂の部分に色を塗って完成です。

この「挂甲の武人」ですが、発見の経緯についての研究も進んでいます。地元の研究者による調査のほか、

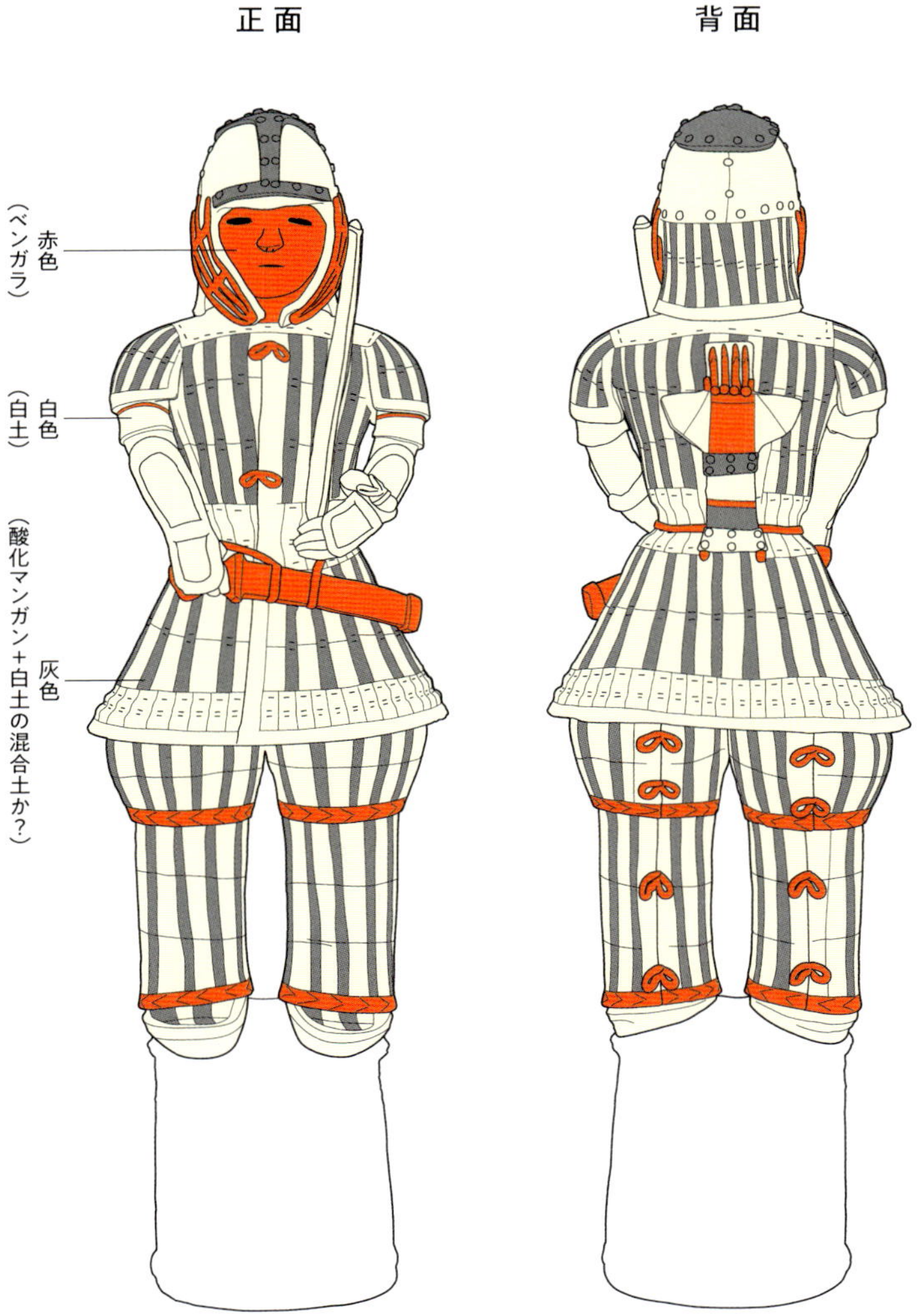

彩色復元した「挂甲の武人」

白色を全体に塗ったのち、細部を赤色や灰色で区画ごとに塗り分けられていました
作成：山本亮

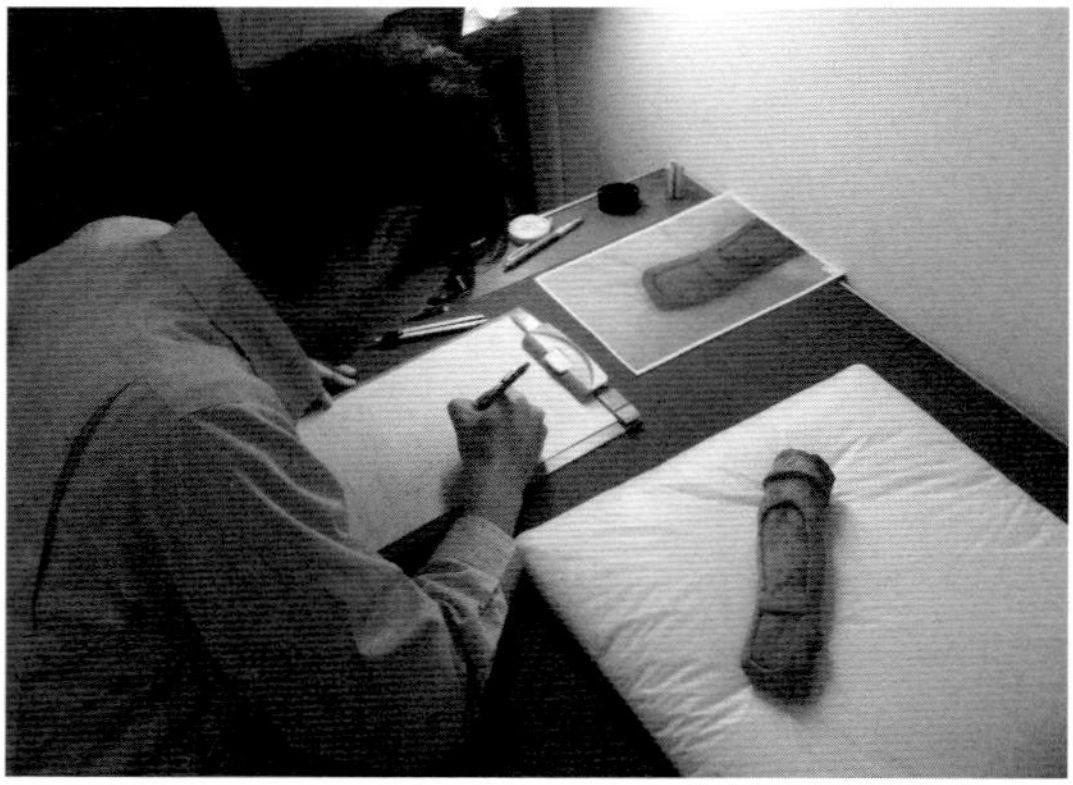

解体した「挂甲の武人」（腕）の調査風景
2017~2019 年の修理では、可能な限り解体をして、古い石膏や接着剤を取り除きました。その際に、バラバラになった破片を一つひとつ詳細に観察し、観察記録を調書として残しました　撮影：河野正訓

地元の中学生による聞き取り調査（令和2年度「東国文化自由研究」教育長賞を受賞しています！）により、「挂甲の武人」の出土時の様子がよくわかってきました。

1933年（昭和8年）頃、公共事業として農道の拡幅工事がおこなわれていました。道を広げるためには、土が必要です。その土をどこからもってきたかというと――こんもりと土が盛られた古墳だったのです。工事現場からも近く、土をとるのにちょうど良かったのでしょう。そして、土をとるために墳丘を崩すと埴輪が見つかった、というわけです。

当時は、出土した埴輪を民家の物置に保管していたそうです。そこに、東京帝室博物館（現・東京国立博物館）で埴輪の修理をしていた松原正業《まさなり》（岳南）が訪れ、埴輪を譲ってもらい、自身で修理をして所有することになったのです。その後、1952年（昭和27年）、東京国立博物館が買い取り、同館の所蔵品となりました。

なお、「挂甲の武人」が出土した古墳は、現在は残っていません。これほど出来映えの良い埴輪なので、地域のなかでもかなりの有力者の古墳、おそらく前方後円墳に立てられたのではないかと推測しています。

最後に、今回の修理で最大の成果を紹介します。それは彩色復元です。「挂甲の武人」を詳細に観察しているなかで、うっすらと赤色、白色、灰色のなにかが付着していることに修復チームは気づきました。そこで、各色の付着箇所に蛍光X線分析をおこなってみると、赤色＝ベンガラ、白色＝白い土、灰色＝酸化マンガンと白土の混合土（の可能性）であることがわかりました。これらは、古墳時代の絵の具の成分です。つまり「挂甲の武人」には色が塗られていた、ということになります（→119ページ）。いまは風雨によって色は褪せていますが、古墳時代は彩色豊かな埴輪だったのです！

埴輪の彩色復元は、栃木県下野《しもつけ》市の甲塚《かぶとづか》古墳出土の埴輪で先駆的な研究はあるものの、あまり研究の進んでいない分野です。「挂甲の武人」の彩色復元は、貴重な研究事例になりました。

このように修理も重要な研究の機会です。しっかりと修理をおこない調査研究を継続的にすることで、資料の価値を高め、未来の世代に伝えることができるのです。

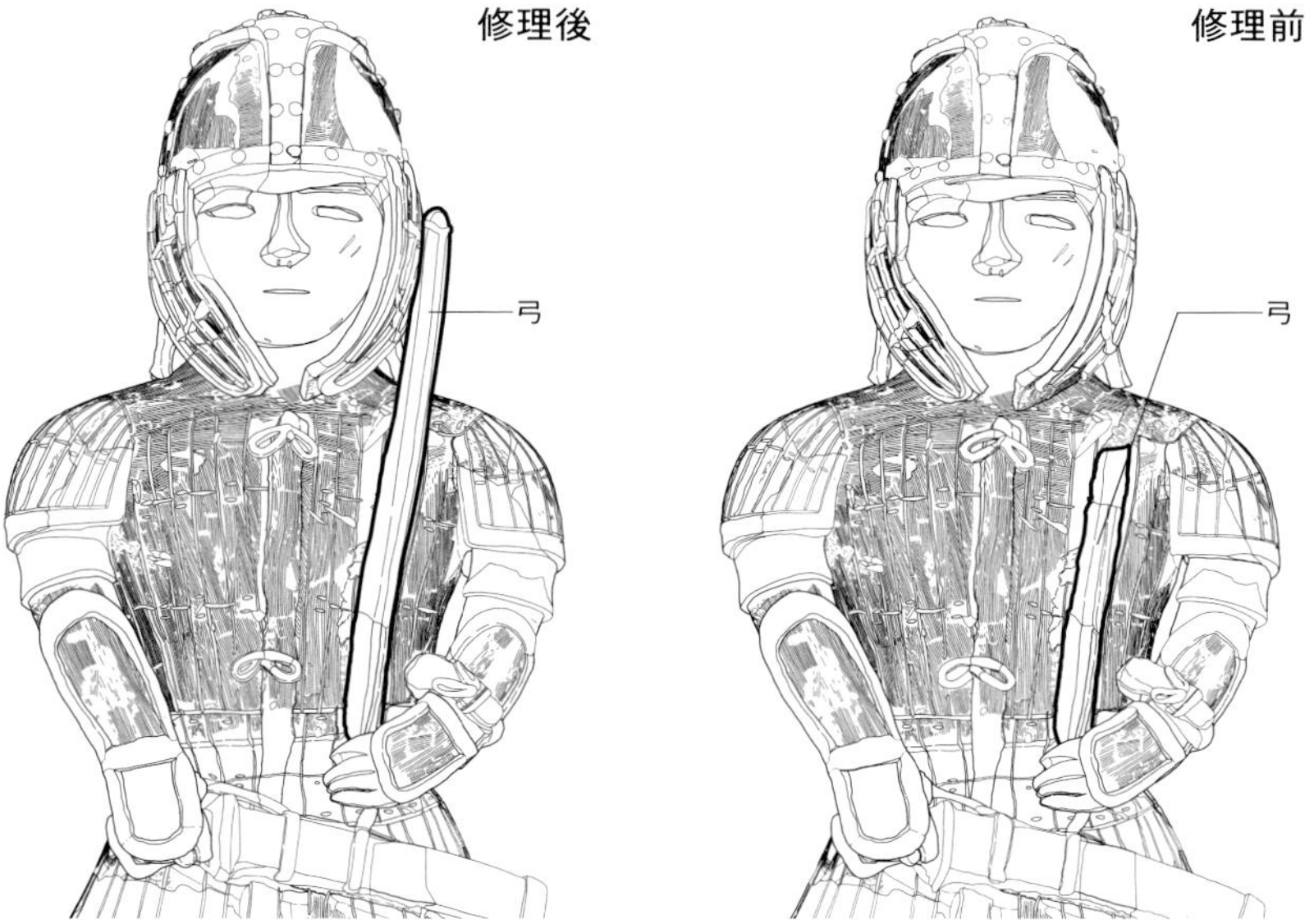

修理前と修理後の「挂甲の武人」（実測図、部分）

頬当の痕跡の発見をきっかけに、製作当時の弓を復元することができました

出典：（右）東京国立博物館編 2015『東京国立博物館所蔵 重要考古資料学術調査報告書 国宝 埴輪 挂甲武人 重要文化財 埴輪盛装女子 附 埴輪 盛装男子』同成社
（左）東京国立博物館 2024『修理調査報告 国宝 埴輪 挂甲の武人』
（いずれも一部改変）

おわりに　わたしとはにわ

本書の著者の一人である河野は、かつて埴輪についてはまったく興味がありませんでした。大学の卒業論文では、鎌や鍬《くわ》という古墳時代の農具の鉄製刃先について執筆し、大学院でも同じテーマでずっと研究をしていました。時に埴輪の研究会に参加することはあっても、本格的に埴輪について研究しようという気にはなれませんでした。

大きな転機となったのは、２０１４年、東京国立博物館に就職したときです。東京国立博物館の考古展示室（平成館）では旧石器時代から江戸時代にかけての遺物を展示しています。その半分のスペースを占めるのが、質量ともに日本屈指のコレクションを誇る古墳時代の遺物です。なかでも人気なのが埴輪です。古墳時代を専門とする研究員であったため、講演会やテレビ・雑誌などの取材で、埴輪をテーマにした話をする機会が増えるようになってきました。正直にいって、焦りました。「古墳時代を研究しているのだから、埴輪についてよく知っているのだろう」と、だれもが当然のように埴輪のことをあれこれたずねてくるのです！　それはもう必死になって、埴輪のことを勉強しました。

幸いにして、東京国立博物館は埴輪に接する機会が豊富で、埴輪を観察する機会にも恵まれました。時が経つにつれて埴輪への理解が深まってくると、埴輪について学ぶことが徐々に楽しくなってきました。最初は苦手意識のあった埴輪ですが、気がつけば愛着がわき、お気に入りの埴輪までできました（河野の推しはヒミツ24の「鍬を担《かつ》ぐ男子」、山本の推しは27ページの「盛装の男子」です）。

写真は右から「鍬を担ぐ男子」(p. 110)、
「盛装の男子」(p. 27)、
いずれも東京国立博物館蔵

こうした気持ちの変化が生まれた頃、教科書でもおなじみの国宝「挂甲《けいこう》の武人」を本格的に修理をするという話がもちあがりました。この修理プロジェクトのリーダーを務めることになったのが、河野だったのです。まだ勤めはじめて日が浅かったので、不安にもなりましたが、強力な埴輪の専門家のサポートを受けつつ、途中からは山本もメンバーに加わり（山本は２０１７年に当館に就職しました）、３年におよぶプロジェクトを無事に完了することができました。また、修理と併行して館内外の研究者と学術的な研究も進め、その成果を『修理調査報告　国宝　埴輪挂甲の武人』（東京国立博物館、２０２４年）として刊行することもできました。

そして、特別展「はにわ」の開催が決定し、展覧会の主担当・副担当として河野と山本が関わることになりました。その結果、ここ数年、二人して展覧会の準備のために朝起きてから夜寝るまでずっと埴輪について考えています。

こうして埴輪について人生で一番ホットな気持ちになっているなか、新泉社さんより本書執筆のお話をいただいたのです。つねに心に埴輪がいた日々のことです。水を得た魚のように本書を執筆しましたが、親しみやすい本になるように、編集担当の高桑さんに助けられた面が大きかったです。また、本書制作にあたりご協力くださった関係各所のみなさまへ、深く御礼申し上げます。

本書をきっかけに埴輪を好きになっていただければ、そして埴輪好きはもっと埴輪を好きになっていただければ幸いです。

２０２４年７月　河野正訓／山本亮

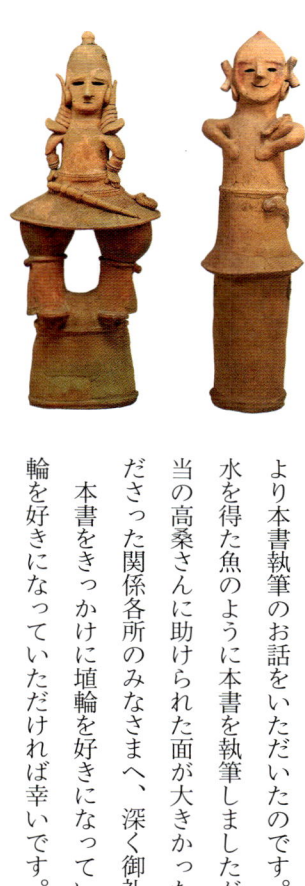

古墳時代とはにわの年表

作成：山本亮

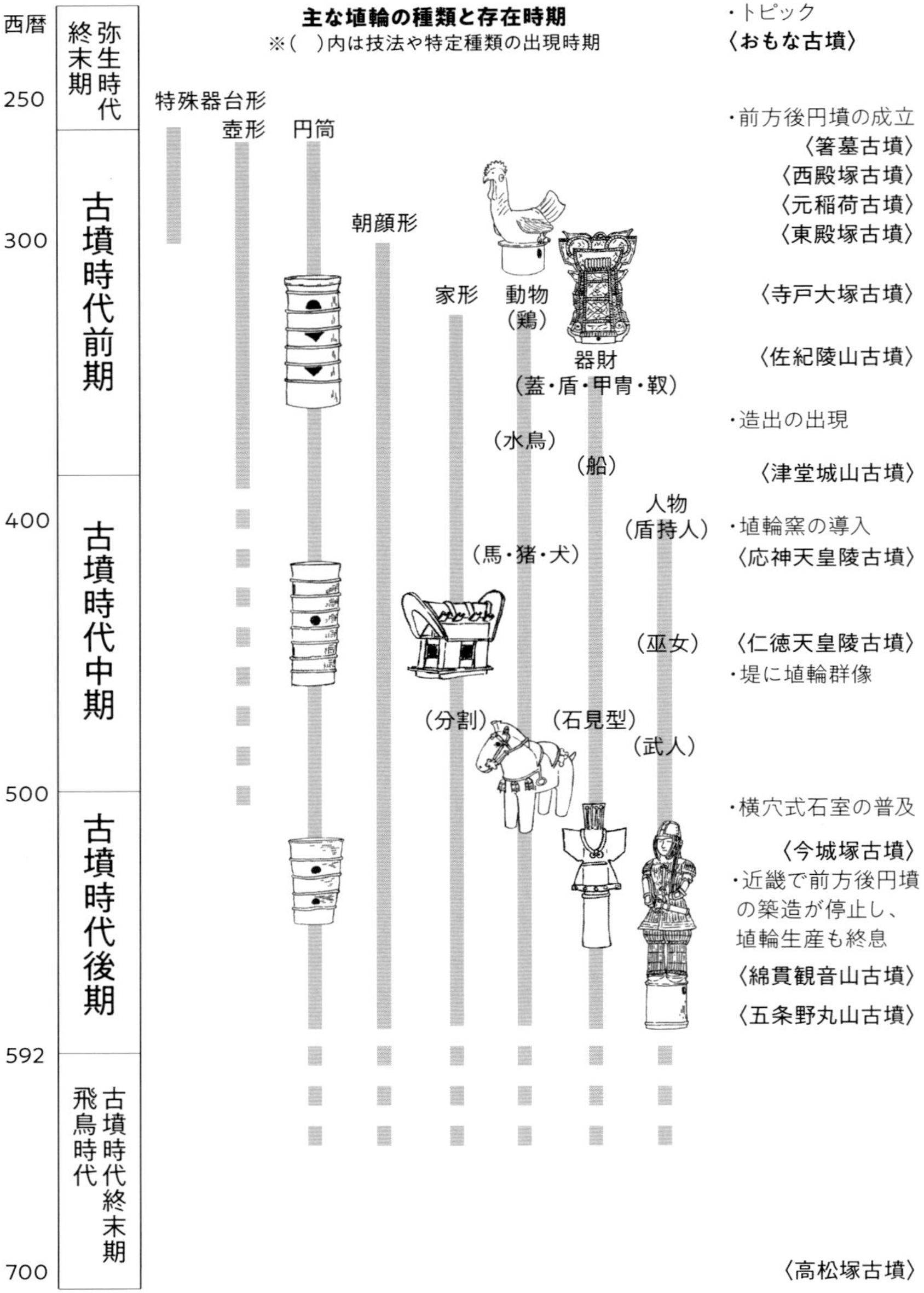
西暦
250
300
400
500
592
700
弥生時代終末期
古墳時代前期
古墳時代中期
古墳時代後期
古墳時代終末期
飛鳥時代
主な埴輪の種類と存在時期
※（　）内は技法や特定種類の出現時期
特殊器台形
壺形
円筒
朝顔形
家形
動物
（鶏）
器財
（蓋・盾・甲冑・靫）
（水鳥）
（船）
人物
（盾持人）
（馬・猪・犬）
（巫女）
（分割）
（石見型）
（武人）
・トピック
〈おもな古墳〉
・前方後円墳の成立
〈箸墓古墳〉
〈西殿塚古墳〉
〈元稲荷古墳〉
〈東殿塚古墳〉
〈寺戸大塚古墳〉
〈佐紀陵山古墳〉
・造出の出現
〈津堂城山古墳〉
・埴輪窯の導入
〈応神天皇陵古墳〉
〈仁徳天皇陵古墳〉
・堤に埴輪群像
・横穴式石室の普及
〈今城塚古墳〉
・近畿で前方後円墳の築造が停止し、埴輪生産も終息
〈綿貫観音山古墳〉
〈五条野丸山古墳〉
〈高松塚古墳〉

はにわをもっと知るためのおすすめの本

小学生～高校生におすすめ！

『古墳のなぞがわかる本』

監修：河野正訓、編集：グループ・コロンブス／岩崎書店／2019年

古墳の形やつくり方、埴輪や鏡などの出土品を写真とイラストでわかりやすく解説しています。巻末のQ&A、古墳新聞で「調べ学習」を学べます。

『楽しく学べる歴史図鑑 はにわ』

監修：若狭徹／スタジオタッククリエイティブ／2021年

図鑑というだけあって埴輪の写真がたくさん掲載されています。埴輪研究の第一人者が監修したもので、わかりやすい解説で、埴輪に親しみをもつことができます。

『知られざる古墳ライフ ―え？ ハニワって古墳の上に立ってたんですか!?―』

著者：譽田亜紀子、監修：松木武彦、イラスト：スソアキコ／誠文堂新光社／2021年

古墳時代の人びとの暮らしぶりがよくわかる本です。スソアキコさんのイラストが親しみあり、古墳時代の入門書としても優れています。

おとなにおすすめ！

『古代国家はいつ成立したか』

著者：都出比呂志／岩波書店／2011年

著者は古墳時代研究の第一人者であり、その教え子たちが各地で古墳時代研究を牽引しています。現在の古墳時代研究の根幹を知るうえで必読の1冊です。

『古墳図鑑 訪れやすい全国の古墳300』

著者：青木敬／日本文芸社／2022年

300の古墳を紹介しています。古墳の近くの博物館や資料館の情報も載っており、本書を片手に全国の古墳をめぐってみてはいかがでしょうか。

『埴輪 古代の証言者たち』

著者：若狭徹／KADOKAWA／2022年

埴輪研究の最前線を知ることができる本です。カラー図版160点を掲載。若狭氏の執筆した埴輪の本はほかにもありますが、どれも魅力的で楽しく埴輪を学べます。

著者紹介

河野正訓（かわの・まさのり）

専門は日本考古学（おもに古墳時代）。2005年明治大学卒、2011年京都大学大学院博士後期課程研究指導認定退学、2012年京都大学博士（文学）。明治大学古代学研究所研究推進員等を経て、2014年東京国立博物館入職。現在、東京国立博物館主任研究員。

おもな著作等：

2014『古墳時代の農具研究─鉄製刃先の基礎的検討をもとに─』雄山閣、2019『古墳のなぞがわかる本』岩崎書店（監修）、2021『作って学ぼう！日本の歴史ペーパークラフト 古代編』あかね書房（監修）ほか。

執筆 ヒミツ5・7・9～11・16・18～22・24・25

山本亮（やまもと・りょう）

専門は日本考古学（おもに古墳時代）。2010年京都大学卒、2015年京都大学大学院博士後期課程研究指導認定退学。奈良文化財研究所アソシエイトフェローを経て、2017年東京国立博物館入職。現在、東京国立博物館研究員。

おもな著作等：

2015『冀置荘・二上遺跡の調査研究』古代学協会（竹内亮・山本亮編）、2020「円形周溝墓SZ4500の発見とその意義」（『藤原京右京九条二坊・九条三坊、瀬田遺跡発掘調査報告』奈良文化財研究所）、2022「近畿地方中部における二重口縁壺の系列と変遷」（『考古学雑誌』第104巻第2号）ほか。

執筆 ヒミツ1～4・6・8・12～15・17・23

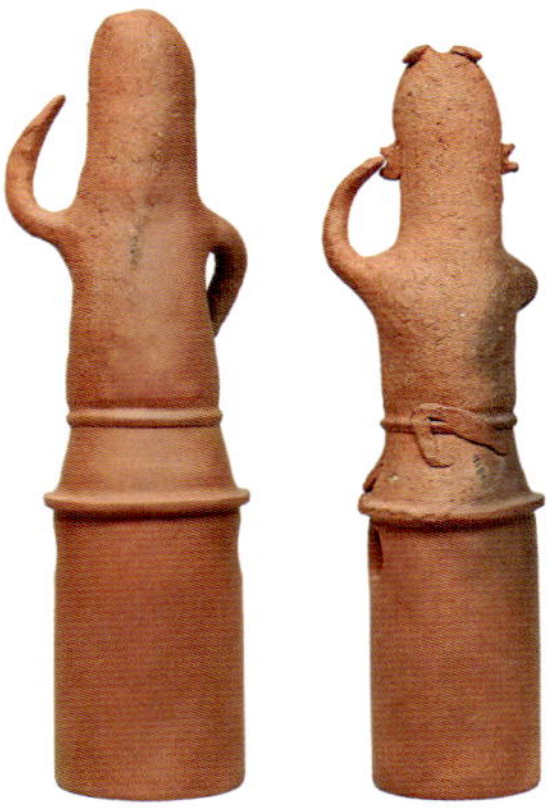

図版出典：
本書掲載の図版のうち東京国立博物館・奈良国立博物館・九州国立博物館所蔵品は、記載のあるものを除き、ColBase（https://colbase.nich.go.jp/）。そのほかは図版掲載ページに記載のとおり。

写真：「踊る人々」の後ろ姿、東京国立博物館蔵

はにわのヒミツ

2024年10月30日　第1版第1刷発行

2024年11月25日　第1版第2刷発行

著　　者　河野正訓／山本亮

発　　行　新泉社

東京都文京区湯島1-2-5 聖堂前ビル

TEL 03（5296）9620／FAX 03（5296）9621

印刷・製本　精興社

ISBN 978-4-7877-2415-1　C0021